教育心理学

保育者をめざす人へ

石井　正子　　松尾　直博
編　著

小沢日美子
白坂　香弥
田中　秀明
冨田　久枝
宮本　智美
吉村真理子
共　著

樹村房
JUSONBO

はじめに

　この本の執筆者は，全員が幼稚園教諭養成課程や保育士養成課程等で「教育心理学」の授業を担当してきました。それぞれの養成校で保育者をめざす人たちを前に共通して感じていた点は，学生たちの好奇心を刺激し，専門的な内容をわかりやすい言葉で伝えて，彼らが興味を持って耳を傾けてくれるような授業をつくっていくことの難しさでした。

　本来，教育心理学は「子どもたちが生き生きと主体的に学ぶことを支える」ための学問であるはずですが，それを教える側が生き生きした授業をつくれないとしたら，自ら，この学問が実践に役立たないことを証明しているようなものです。教育心理学を教える者自身が，学生のやる気を引き出し，洞察力を高め，達成感を持てるような授業を実現できた時に初めて，「教育心理学」の真価を，実践に結びつく学問として学生に伝えられることになります。

　そんな思いで，私たちはなんとか学生が興味を持ってくれるようにと，授業の教材についてさまざまな努力を重ねてきています。毎回，手づくりのプリントを作成し学生の反応を見たり，10年間，毎年使うテキストを変えて試行錯誤を繰り返したりと。また，一見難解と思われる言葉や概念については，身近な具体例に結びつけて話すことで学生が興味を持ち，それらを実践的な知識として吸収していくということも十分了解しています。

　こうした体験や工夫を持ち寄り，内容について討議を重ねるかたちで，教える側も学ぶ側も納得できるテキストづくりがスタートしました。

　まず，以下の諸点について執筆者全員の共通理解を図りました。

(1) 保育者をめざす学生に対象を絞り，学生にとって読みやすくわかりやすい内容にすること。
(2) 学生が実際の子どもの姿や保育場面に結びつけながら，教育心理学の原理や理論を正しく理解できるようにすること。
(3) 過去の教育心理学研究において得られたスタンダードで正確な知識を押

さえながら，最新の研究成果の中で特に保育に関連する知見を積極的に取り入れること。

次に，執筆原稿すべてについて，石井と松尾が目を通し，各章のテーマについて過不足ない内容となっているか，「わかりやすい」という基本的な姿勢が一貫して守られているかについてチェックし，執筆者それぞれに遠慮なく加筆・修正を依頼しました。また，場合によっては一冊の本としての整合性を図るために，重複部分を大幅に削除するということも行いました。

結果として，先に掲げたねらいどおりのテキストができあがったと自負していますが，実際に授業で使用してみれば，まだまだ工夫の余地は残されているにちがいありません。

今後は，このテキストで学ぶ学生のみなさんの反応や，先生方からのご意見を反映させることで，よりわかりやすく使いやすいテキストに育てていきたいと考えています。

2004 年 9 月

執筆者を代表して　石井　正子

[本書の執筆分担]

第1章	石井正子・冨田久枝	第2章	吉村真理子
第3章	松尾直博	第4章	田中秀明
第5章	小沢日美子	第6章	冨田久枝
第7章	宮本智美・石井正子	第8章	白坂香弥

※このテキストでは，教育心理学の重要語を「キーワード」として，それぞれの解説のある頁の脚注に示しました。そのうち，参照頁（→p.○）の入っているものは，巻末により詳しい解説や補足説明が載っています。知識の確認や整理に役立ててください。

も く じ

はじめに

第1章 保育と教育心理学 ……………………………………………1
1. 保育者の役割と教育心理学 ……………………………………2
(1) 保育者の役割 …………………………………………………2
(2) 保育と教育心理学 ……………………………………………2
(3) 保育の中の教育 ………………………………………………3
(4) 教育心理学を子育てに生かす ………………………………4
2. 乳幼児期の学習と教育 …………………………………………5
(1) 成長への欲求と知る喜び ……………………………………5
(2) 体験から学ぶ …………………………………………………7
(3) 人と共に育つ …………………………………………………9
3. さまざまな児童観と教育観 ……………………………………10
(1) 「児童観」「教育観」を学ぶ意義 ……………………………10
(2) さまざまな児童観 ……………………………………………11
(3) 2つの教育観 …………………………………………………14
4. 幼稚園や保育所における保育 …………………………………16
(1) 集団保育の基本となる考え方 ………………………………16
(2) 保育の計画とその意義 ………………………………………18

第2章 発達と教育 ……………………………………………………23
1. 発達を規定するもの ……………………………………………24
(1) ヒトの発達とは ………………………………………………24
(2) 遺伝(成熟)と環境(学習) ………………………………25
(3) 遺伝(成熟)か環境(学習)か ……………………………25

　　　　(4) 遺伝（成熟）も環境（学習）も …………………………29
　2. 発達段階と発達課題 ……………………………………………30
　　　　(1) 発達段階とは …………………………………………30
　　　　(2) エリクソンの自我の発達段階説 ……………………31
　3. 思考の発達と教育 ………………………………………………36
　4. ことばの発達と教育 ……………………………………………43
　　　　(1) 乳児とのコミュニケーション ………………………43
　　　　(2) ことばの発達 …………………………………………44
　　　　(3) 思考とことば …………………………………………47

第3章　学習のしくみ …………………………………………………49
　1. 乳幼児と学習 ……………………………………………………50
　　　　(1) 人間にとっての学習の意義 …………………………50
　　　　(2) 乳幼児にとっての学習の意義 ………………………50
　2. さまざまな学習 …………………………………………………52
　　　　(1) 条件づけによって学ぶ ………………………………52
　　　　(2) 洞察学習 ………………………………………………59
　　　　(3) 社会的学習 ……………………………………………59
　3. 記憶 ………………………………………………………………61
　　　　(1) 記憶とは ………………………………………………61
　　　　(2) 記憶のメカニズム ……………………………………62
　　　　(3) 記憶の発達 ……………………………………………63
　　　　(4) 作業記憶 ………………………………………………65
　4. 学習が成立する環境 ……………………………………………68
　　　　(1) 学習を促進する環境 …………………………………68
　　　　(2) 学習と教育 ……………………………………………69

第4章 やる気を育てる……………………………………………71
1. 「やる気」とは………………………………………………72
   (1) 「やる気」「意欲」と「動機づけ」について………………72
   (2) やる気についての伝統的な考え方 ………………………73
   (3) 幼児教育・保育における「やる気」の位置づけ …………75
2. いろいろなやる気―やる気のとらえ方― ……………………76
   (1) 内からのやる気と外からのやる気 ………………………76
   (2) 外からのやる気の問題点 …………………………………78
3. 内からのやる気の発達 ………………………………………80
   (1) 内からのやる気の誕生 ……………………………………80
   (2) 内からのやる気の発達的変化 ……………………………81
4. 内からのやる気をうばってしまう世界 ………………………84
   (1) やる気の質的変化―アンダーマイニング効果― …………84
   (2) 無気力・指示待ちの子どもたちの増加 …………………86
5. 内からのやる気を育てる ……………………………………88
   (1) 内からのやる気が発現・具現化されるプロセス …………88
   (2) 内からのやる気を育てる …………………………………89

第5章 個人差の理解……………………………………………95
1. 個人差と個性 …………………………………………………96
   (1) 一人ひとりの「違い」と「特徴」…………………………96
   (2) 個性と社会 …………………………………………………96
2. 知能とは何か …………………………………………………97
   (1) 知能検査の歴史 ……………………………………………97
   (2) 知能の構造 …………………………………………………100
   (3) 知能と創造性 ………………………………………………102
3. 性格とは何か…………………………………………………103
   (1) 性格―情緒的・意志的な行動の側面からの個人差― ……103

(2) 性格の類型論と特性論……………………………103
　　　(3) 性格を形成するさまざまな要因………………106
　4. 子どものあり方の理解と適応………………………108
　　　(1) 環境に適応していく力……………………………108
　　　(2) 適応への支援………………………………………112

第6章　人間関係と社会化……………………………115
　1. 人間関係の中で育つもの―人間関係の芽生え―………116
　2. 人間関係の広がりと環境……………………………118
　　　(1) 家族……………………………………………………118
　　　(2) 仲間関係……………………………………………122
　　　(3) 集団の形成…………………………………………124
　3. 遊びと人間関係………………………………………126
　　　(1) 遊びとは……………………………………………126
　　　(2) 遊びの発達理論……………………………………127
　　　(3) 学童期の遊び………………………………………129
　4. 道徳性と向社会的行動の発達………………………130
　　　(1) 道徳性を育てる……………………………………130
　　　(2) 道徳性の発達理論…………………………………131
　　　(3) 向社会的行動………………………………………133
　　　(4) 社会化への支援……………………………………135

第7章　特別な支援を要する子どもたち……………139
　1. 特別な支援を必要とする子どもたち………………140
　　　(1) 特別な支援とは……………………………………140
　　　(2) 保育の中で気になる子ども………………………142
　2. 障害の理解と受容……………………………………145
　　　(1) 保育者が知っておきたい障害……………………145

(2) 障害を受容する …………………………………………149
　3. さまざまなこころの問題 ………………………………………150
　　　(1) 保育者が出会うこころの問題 …………………………150
　　　(2) こころの問題への支援 …………………………………153
　4. 保育の中での支援 ………………………………………………156
　　　(1) 障害児保育の考え方 ……………………………………156
　　　(2) 統合保育の意義 …………………………………………157
　　　(3) 障害を持つ子どもへの支援 ……………………………157

第8章　親の理解と子育て支援 …………………………………161
　1. 現代社会と子育て支援 …………………………………………162
　　　(1) 何を支援するか …………………………………………162
　　　(2) 保育士の子育て支援 ……………………………………163
　2. 現代の親子関係 …………………………………………………166
　　　(1) 現代の親子関係 …………………………………………166
　　　(2) 早期教育とおけいこごと ………………………………168
　　　(3) 虐待 ………………………………………………………170
　3. 保育者に求められる役割 ………………………………………172
　　　(1) 保育者の専門性 …………………………………………172
　　　(2) 親の求める保育者 ………………………………………173
　4. 保育者のストレス ………………………………………………176
　　　(1) 保育者のとしての発達と危機 …………………………176
　　　(2) 保育者の成長と葛藤 ……………………………………178
　　　(3) ストレスとストレス・マネージメント ………………179

用語解説 ………………………………………………………………183
引用・参考文献 ………………………………………………………193
さくいん ………………………………………………………………200

▶ **コラム一覧**

　1：CAP—子どもへの暴力防止プログラム—……21
　2：教育心理学の研究方法……22
　3：ベビーサイン—まだ話せない赤ちゃんと話す方法—……33
　4：おかあさんになったアイ—進化の隣人チンパンジー—……39
　5：ピアノの練習……48
　6：実験神経症と異常固着……53
　7：脳の科学と学習の多様性……67
　8：自信の低い日本の子どもたち……83
　9：外からのやる気が内からのやる気へ—機能的自律性—……91
　10：子どもにとって，知能検査はなぜ必要か—大人の側の課題—……99
　11：無意識の世界とパーソナリティの形成—児童虐待の心理—……111
　12：子どもへの期待—ピグマリオン効果—……113
　13：自己決定と道徳性……136
　14：構成的グループエンカウンター……137
　15：保育者どうしのコミュニケーションのすすめ……143
　16：虐待を受けた子どもへの支援……154
　17：母親の求める育児支援……165
　18：親との上手なつき合い方……175
　19：保育者のライフステージと危機……177

第 1 章
保育と教育心理学

　本章では，保育者にとって教育心理学を学ぶことの意義，乳幼児期の学習の特徴，さまざまな児童観・教育観について学習する。
　さらに，子どもたちが，主体的に生き生きと学び，保育者が子どもたちの気持ちを理解し，効果的な援助を行うための保育の計画を作成するに当たって，教育心理学的な知見を生かす方法ついて学んでほしい。

1. 保育者の役割と教育心理学

（1） 保育者の役割

「保育とは」という問いは，学生生活のさまざまな場面で投げかけられるテーマであろう。

「保育とは養護と教育が一体となった働きかけである」という定義が一般的であり，幼い子どもたちへの望ましいかかわりは，常に養護的であると同時に教育的である。

たとえば，母親が子どもに授乳しながら，やさしく見つめ，語りかけるとき，意図せずして，子どもは，基本的信頼感を獲得しコミュニケーションの基礎を学んでいる。また，保育者が子どもを膝の上に乗せ，絵本を読んでいるとき，子どもが受け取っているのは，保育者のことばや絵本の内容だけではなく，愛され守られているという安心感である。

子どもを抱き，その心に寄り添い，受けとめ，子どもの成長の糧となる働きかけを与え続けることすべてが保育である。

保育者の役割は，子どもと生活を共にする中で，よりよい保育を行うことである。専門的な知識と技術を土台に，豊かな感性をもって，子どもの育ちを支え，援助することである。

子どもの育ちを支えるためには，直接子どもにかかわり，保育を行うことに加え，子どもを取り巻く環境への配慮，そして，保護者の子育てに対する支援を行っていくことが求められている。

（2） 保育と教育心理学

保育者にとって「教育心理学」を学ぶことは，どのような意味があるのであ

■キーワード■　養護→p.192　教育→p.185　基本的信頼感→p.185

ろうか。

　「心理学」は，人間の行動と行動を起こすメカニズムを科学的に解明する学問である。そして「教育心理学」の目的は，学びの構造を分析し，理解し，その過程を解明することによって，教育における問題を解決に導き，効果的な実践方法を示すことである。

　先に「幼い子どもたちへの望ましいかかわりは，常に養護的であると同時に教育的である」と述べたとおり，保育の中のあらゆる場面において教育は行われる。

　したがって，保育者が教育心理学を学ぶことによって，乳幼児期の子どもへの働きかけが，効果的な学びの援助に結びついていかなければならない。さらに，子育て支援においても，教育心理学的な知見を生かすことで，より実践的なアドバイスやコンサルテーションが可能になるはずである。

（3）保育の中の教育

　教育には2つの役割がある。1つは「文化の伝達」であり，もう1つは「成長と創造の援助」である。

　「文化の伝達」とは，知識や技術，道徳，価値観などを次の世代に伝えることをさす。学校教育は，人類の歴史の過程で蓄積された財産である膨大な知識や技術を，効率よく大勢の子どもたちに伝え，同時に集団活動を通じて，社会生活に必要な道徳や価値観を身につけさせることを大きな目的としている。

　そして，乳幼児期における「文化の伝達」は主として「しつけ」という形で行われる。所属する社会において，何が良くて，何がいけないのかという「行動の基準」を獲得し，やりたくてもやってはいけないことと，やりたくなくてもやらなければならないことを理解し，「自分自身の行動をコントロールすること」ができるように働きかけることがしつけである。たとえば，基本的な生活習慣や社会生活のルール，言語によるコミュニケーションの方法を教えていくことなどがこれにあたる。

■キーワード■　心理学　教育心理学　しつけ　基本的な生活習慣→p.185

「成長と創造の援助」とは，子ども自身が環境に働きかけ，環境からの刺激を受けとめながら，自分自身の内面の構造を変化させていくことや，自らの力で，環境に変化を起こし，新たな文化を創造していくことができるように，さまざまな援助を行っていくことである。乳幼児期の子どもは，主として遊びを通して創造的な活動を展開する。そして具体的な援助とは，望ましい環境を与え，受容と共感をもって，子どもの主体的な活動を支えることである。この場合の環境とは，安全な空間，豊かな自然，子どもの想像力を刺激し自発的な働きかけを引き出すような遊具，おもちゃ，絵本，音楽，自由な時間などのことであるが，最も重要な環境条件とは，親や友だち，保育者を含めて，あらゆる人とのかかわりの豊かさである。

「教育」が「文化の伝達」にとどまる限り，子の世代が親の世代を超えて発展することは困難である。しかし，教育のもつ「成長と創造の援助」という側面が，科学技術の進歩を支え，芸術や思想の成熟を促し，人類を脅かす問題を次々と解決に導いてきた。もちろんそこには，自然破壊に代表されるマイナスの側面も存在する。しかし，新たな問題の解決手段もまた，新しい世代の創造力によってしか生み出すことはできない。

（4） 教育心理学を子育てに生かす

たとえば，昔から「抱きぐせ」「人見知り」「後追い」などと呼ばれてきた乳児の行動がある。「泣く」という行動は，生まれてしばらくは，おなかがすいたときや，おむつがぬれたときなどに不快感を訴えるためのものである。しかし，徐々に人とのかかわりを自ら求めるようになり，生理的な不快感からではなく，抱っこをせがんで泣くようになるものが「抱きぐせ」である。また，「人見知り」は，自分のよく知った顔とそうでない顔を見分けられるようになった乳児が，見知らぬ顔に対して不安を感じ，隠れたり，泣いたりといった行動でその気持ちを表現することである。

「抱きぐせ」にしろ「人見知り」にしろ，多くの子どもに共通して見られる，

■キーワード■　抱きぐせ　人見知り　後追い→p.183

ごく普通の行動であるが，初めての子育てに悪戦苦闘している母親にとっては，「どこまで受け入れればよいのだろうか」「人とかかわる経験が足りないせいだろううか」という悩みの種になる。

もちろん「心理学」の助けを借りなくとも，古来，大多数の親が，所属社会での子育ての見よう見まねと，本能に従って，子育てをしてきたわけである。しかし，今日のように，めまぐるしく変化し，複雑になる社会においては，親の世代や地域社会の見よう見まねが困難になっており，親としての本能に頼るどころか，本能が引き出されることすら難しくなってきている。

見よう見まねの子育てが成立しないとすれば，意図的な「学習」によって「子育て」を学ぶ必要性が生じてくる。

実際，現代の母親は育児書や育児雑誌を読んだり，「母親学級」「育児支援講座」といった場を利用することにより，子どもの「抱きぐせ」も「人見知り」も認知能力と社会性の発達の過程で現れる一般的な行動であり，泣いている子どもは抱いてやればよいし，見知らぬ顔に強い不安を示すのは，一時のことで心配はいらないというような知識を得て，子どもへの対応を学習していく場合が多いのである。

親が子育てを学んでいくときに，あるいは保育者が子育てを支援するときに，「教育心理学」は子どもの心理や行動の理解を助け，適切な教育的働きかけの方法を示唆するものである。

2. 乳幼児期の学習と教育

（1） 成長への欲求と知る喜び

この世に生を受けてまだ4ヵ月にもならないころ，からだをひねり，寝返りに挑戦する乳児。何度も何度も試みるが，あと一歩のところで，うまくいかない。ようやく寝返った後で，からだの下から片腕が抜けずに泣き出す。大人が

■キーワード■　認知能力→p.190　社会性→p.187

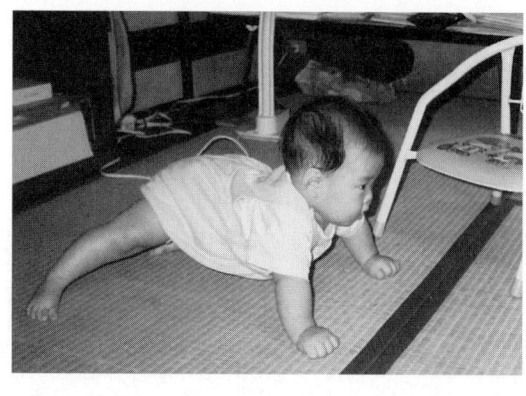

◀子どもは常に自分の一歩先を見つめ,挑戦を続ける。

そっと手を貸して腕が抜けると,誇らしげに頭をもたげる。

1歳の誕生日を過ぎたころ,子どもは椅子につかまって立ち上がり,おそるおそるその手を離す。バランスをくずしてしりもちをつく。何度でも繰り返し,ついには,バランスをとって立ち続ける。

2歳を過ぎ,靴をはいての散歩が日課になったころ,子どもが一人で靴に足を入れようとしている。手伝おうとすると,「ジブンデー!」と叫ぶ。はけずに泣き出して,手伝ってもらったのに,その次も「ジブンデー!」と叫ぶ。やっと自分の力で足を入れ,「クックハイタヨー」と笑顔でこちらを見る。

子どもは,誰に求められるでもない,誰に教えられるでもない,ただ,自らの成長のために,次々と新しい挑戦を続けていく。常に,今の自分の一歩先を求めている。

乳児は目新しい物を目ざとく見つけ,何でも触ろうとする。口に入れ,感触を味わう時期を経て,振り回したり,打ちつけたりして音を出すことを楽しむ。扉という扉,引出しという引出しはすべて開けてみなければ気がすまない。すべてを出し,入れ,落とし,投げ,崩し,積み上げ,並べ,その変化に目を輝かせる。

会話ができるようになり始めた幼児とともに生活していると,「これなあに?」「これなにするものなの?」「どうしてさわっちゃいけないの?」「なん

であぶないの？」「先生はどうしてあぶなくないの？」……と，子どもたちが次から次に口にする質問に，最初は一生懸命答えるが，そのうちに，説明に頭を悩ませたり，おかしくて吹き出したり，辟易したりといったことがよくある。子どもは好奇心と探求心のかたまりである。まわりの世界を「知りたい」という熱意が，人や物へのかかわりを促し，驚くべき速さで知識を増やし，ことばを生み出していく。

　成長への欲求と自分を取り巻く世界への好奇心こそが，子どもが自ら学ぼうとするエネルギーの源泉である。

（2）体験から学ぶ

　乳幼児期の学習が学童期以降の学習と大きく異なるのは，ことばよりも体験が重要であるという点である。

　私たち大人は，知識や情報の多くをことばによって学ぶ。話しことばや文字を媒体として得られる情報は，実際の体験から知る情報の量をはるかにしのぎ，ことばを用いることによって，仮説を立てて論理的に物事を考えることや，抽象的な概念を理解することが可能になる。実際に，今私たちが学んでいる保育に関する知識も，ことばによる授業や教科書から得られたものが多い。実習においても，ことばによって詳細な記録をとり，考察を加え，これまでの学習で得られた知識と体験を結びつけ，さらにことばによって子どもの行動を予測し，新たな実践の計画を立てることが可能になる。体験をとらえ直し，意味づけ，洞察を深めるためにことばは不可欠である。

　しかし，幼児期までの子どもにとって，以下の2つの理由から，ことばよりも体験が重要であるといえる。

　第一に，乳幼児は，まず最初は運動と感覚によって記憶し，表情と声で表現する。ことばを媒体とせず，体験を体験として記憶し，体験のままに想起する。徐々にイメージやシンボルを使い，それが最初のことばに結びついていく。しかし，ことばを自由に操作し，論理的な思考が可能になるのはようやく学齢期

■キーワード■　イメージ→p.183　シンボル→p.187

◀見て見て！ 僕が掘ったおいも，おっきいでしょう。

を迎えるころである。したがって，体験こそが乳幼児期の子どもの思考の源泉なのである。

　第二に，ことばがもついくつかの役割のうち，幼児期までの子どもにとって最も大切なのは，コミュニケーションの手段であるということである。コミュニケーションの手段としてのことばの起源は，「私」と「あなた」と「伝えたいもの」の存在（三項関係）であり，この３つのどれが欠けてもコミュニケーションは成立しない。私がいて，他者がいて，伝えたい思いがあってことばは生まれる。「伝えたい思い」は，体験から生まれる。

　たとえば，保育者が『おおきな　おおきな　おいも』という絵本を読もうとした時，いも掘り体験のない子どもたちは，黙って，保育者が本を読んでくれるのを待つ。しかし，いも掘り体験とその後の焼きいもパーティを経験した子どもたちは，表紙の絵が目に入ったとたん，頭の中に，「いも」にまつわるさまざまな体験を想起する。「おいもたべたー」「おいしいよねえ」「あっちっちだ」「おいもほりー」「おっきいのほった」「こーんな，いっぱい，くっついてるの」……など。体験は伝えたい思いをふくらませ，豊かなことばを次々と生み出していく。

■キーワード■　ことばがもついくつかの役割→p.186　三項関係→p.186

（3） 人と共に育つ

「人は人と共に育つことによってのみ，人として生きることを学ぶ」といわれる。このことばの意味するところを考えてみよう。

乳児が特定の大人（多くの場合は母親）との間に親密な愛着関係を築くことが，情緒の発達や認知の発達，そして時には身体発達にまで影響を及ぼすことが知られている。この愛着関係は，生涯を通じて，人への信頼感を築くための基盤になると考えられる。

また，子どもは周囲の人々のさまざまな行動を模倣することによって，人間社会での行動様式を身につける。両親，きょうだい，先生，友だち，そういった人をモデルとして，その人の行動をまねよう，自分もそうしようとすることで，たくさんのことを学んでいく。子どもが積極的に模倣を行おうと思うのは，モデルやお手本への同一視やあこがれからであり，「しつけ」を受け入れるのは，親や保育者への依存と信頼からである。

そして，子どもは，生まれながらにして人にかかわりたいという欲求をもっている。乳児どうしも，生後3ヵ月で，すでにお互いに興味を示し，相手に対して手をのばしたりほほえむ行動が見られる。幼い子どもが2人いれば，たいていお互いの行動に興味を示し，じっと見つめたり，笑いかけたり，そこになんらかの感情的交流が生まれる。かかわりが遊びに発展し，楽しく遊びが盛り上がることもあれば，自我のぶつかり合いが生じ，けんかやいざこざに発展する場合もある。

体験の共有とそれに伴う共鳴や共感は，喜びを増幅させ，人とかかわることの楽しさを教えるが，けんかやいざこざもまた，子どもの心の成長にとって非常に重要な役割を果たしている。子どもは他者との対立の経験によって，自分とは異なる他者の考えを意識し，相手の感情を読みとり，配慮することを試みるようになり，相手の行動を予測して，自分の行動をコントロールするようになる。いわゆる思いやりや協調性といったものは，自我のぶつかり合いの中で

■キーワード■　愛着関係　共鳴や共感→p.185

こそ育まれる。

　身近な人への信頼感が，子どもの学習の基盤であり，他者への共鳴や共感が人とともに生きることの楽しさを教える。そして，子どもは，人との対立やぶつかり合いによって，自己の意識を明確にし，他者の視点を理解し，人と共に生きることを学んでいく。

3. さまざまな児童観と教育観

（1）「児童観」「教育観」を学ぶ意義

　教育心理学を保育に生かすにあたって，なぜ「児童観」や「教育観」を学ぶ必要があるのか。

　第一に，学習の主体である「子ども」をどのような存在ととらえるかによって，教育，そして保育の目的や方法は大きく影響を受ける。私たちは，無意識に独自の「児童観」によって子どもをとらえ，自分なりの「教育観」によって子どもに働きかけている。子どもへの効果的な援助を考えるにあたって，自分自身の無意識の「児童観」に気づき，さまざまな学びを生かした「教育観」をもつことが必要である。

　第二に，まわりの人がどのような意図をもって子どもに働きかけているのかを理解するためには，その人がどのような「教育観」をもっているかということが鍵になる。親や保育者どうしで，一人の子どもに対する見方や，対応に食い違いがあるとき，根底に子どものとらえ方の違い，すなわち「児童観」の違いが存在する。相手がどのような「児童観」に基づいて子どもをとらえ，どのような「教育観」で対応しているのかということを理解しなければ，お互いの見方は永遠に食い違い，他者の行動は不可解なままである。お互いの考え方の「相違点」を意識しつつ，子どもの成長を願うという「共通点」に立ち，接点とバランス感覚を見いだしていくことが大切である。

■キーワード■　児童観→p.187　教育観→p.185

「子育て支援」においても，保護者の行動の根底にある「児童観」を理解し，親としての「教育観」を育てることをサポートするという視点が必要である。

（2）さまざまな児童観

さまざまな児童観の中から，代表的な4つの考え方を取り上げて解説する。中には極端に思われる考え方も含まれているが，現実にはそのような考え方をもとにして子どもに対応している大人は，身の回りに少なからず存在するのである。

1）「子どもは生まれつき，自分勝手でわがままな存在である」という考え方

「子どもは，自分の欲求のままに生きている。ほうっておくとなにをしでかすかわからない。だから，大人が子どもに善悪を教え，導かなければならない」という考え方であり「性悪説」とも呼ばれる。

たとえば，まわりの迷惑を考えずに自分の勝手な意見を頑固に押し通そうとするような人がいると，「子どもじゃあるまいし」とか「あの人は子どもみたいだ」といった言い方をする。「餓鬼（がき）」ということばを「子ども」の意味で使うことがあるが，このことばは本来，仏教用語で「地獄に堕ちて飢えに苦しむ亡者」を表すことばである。これも，子どもは貪欲でほうっておけばどんな悪さをするかわからないという発想から出た呼び方であろう。

西欧および近代以降の日本において，子どもは小さいうちから甘やかさず厳しくしつけなければならないという考え方は根強く，親が子どもをたたくことに寛容であったり，子どもが大人の意見に反論することを「生意気」「口ごたえ」として退ける場面もしばしばみられる。

注意すべきなのは，たいていの場合，子どもを「かわいらしい」「愛らしい」「大切な存在」という思いと，上記のような考え方が同時に存在することである。子どもに厳しいしつけが必要だと考えるのは「愛すればこそ，将来社会に出て困らないように」という「親心」ともいえる。

■キーワード■　性悪説

2) 「子どもは白紙のように何も書きこまれていない存在である」という考え方

この児童観は，子どもは生まれたときは「白紙」であり，環境からの刺激が書き込まれることで，さまざまな能力や性格が身につけられていくというものである。17世紀のイギリスの哲学者ロックの唱えた「白紙説」(tabula rasa) が有名である。

行動主義心理学を唱えたワトソン（1924）は，「私に12人の健全な赤ん坊と，彼らを養育するための特別な環境とを与えてくれるならば，彼らを，その才能，特性，能力，職業，人種のいかんにかかわらず，私がめざす専門家（医者，法律家，商人，管理職，さらには，乞食や盗人にさえ）に育て上げてみせる」と言っている。

つまり彼は，子どもの発達や特性の個人差は生育条件と環境刺激によるものであり，条件が整い，必要な学習刺激が与えられれば，どのようにでも育つと言い切ったのである。この考え方は教育しだいで，どのような人間でも作り出せるというものであり「子どもは外部からの刺激でどのようにでも変えられる受け身な存在である」という児童観である。

早期からのトレーニングによって高度な知力を身につけさせようとする早期教育はもとより，ごく日常的に使われる「子は親の鏡」「育てたように子は育つ」という表現にも，子どもは親の育て方しだい，教え方しだいでどのようにでも育つのだというニュアンスが感じられる。

3) 「子どもは生まれつき，より良く成長しようとしている存在である」という考え方

子どもは生まれつき「善なるもの」であるとして，環境によってねじ曲げられることがなければ，どの子も自ら成長しようとする力をもっており，まっすぐに育つのだという考え方である。

18世紀のフランスの思想家ルソーに始まり，ペスタロッチ，フレーベル，ニールなど，多くの教育者はこのような児童観に基づいた教育を実践した。

■キーワード■　tabula rasa→p.188　行動主義心理学→p.186　ワトソン→p.192

幼稚園の創始者としても知られるフレーベルは著書『人間の教育』(1826)において、「まわりの大人から子どもに与える必要はさらさらない。ただ子どもが行ったり、営んだり、見たり、発見したりすることを、言い表したり、それに名前をつけたり、ことばを与えてやったりしさえすればよい」と述べた。

また、人間性心理学の立場に立つロジャーズの「大切なことは、何かを教えることではなく、子どもでも大人でも、その人を一人の個人として尊敬し受容していくと、そのうちに自我の内部の制御力が強まり、それによって自発的に行動ができるようになる」という理論も、子どもは十分な愛情と関心が与えられれば、まわりから教えられることがなくとも、自ら行動し、学習していく存在であるという考え方である。

4）「子どもは生まれながらにしてそれぞれの個性をもっている」という考え方

子どもは白紙のまま生まれてくるのではなく、生まれながらにして一人ひとりが異なった色（カラー）をもっているとする考え方である。もともとの色に環境や教育による影響が加わり、それぞれの個性がつくられる。たとえば、もともとが黄色のものに赤をまぜればオレンジ色になるが、もともとが青いものに同じ赤をまぜれば、全く違った色になる。子どもにはもって生まれたさまざまな能力と個人差があり、それを土台に環境に働きかけ、また、環境からの働きかけを受け入れて個性を形づくっていくという考え方である。

トーマスとチェス（1980）は乳児から青年期までの子どもの気質について縦断的研究を行い、気質的特性の違いが、生後2, 3ヵ月ですでにはっきりと現れること、および10年後においてはその気質が65％の子どもに持続していることを見出している。そして、子どもの発達が健全に進むか否かは、気質と環境の適合によるとした。

子どもの個性と個人差を重視する児童観に立つと、重要なのは目の前の子どもの特性を十分に理解し、それぞれの子どもに合った働きかけを考えていくということになる。

■キーワード■　フレーベル　ロジャーズ→p.192　トーマスとチェス

（3） 2つの教育観

　ここまでに，4つの児童観について見てきたが，この他にも，子どものとらえかたは千差万別であり，時代や宗教，社会的背景によっても大きく異なる。

　そのようなさまざまな児童観から生まれる教育観を大別すると，2つの大きな流れに集約することができる。具体的な保育場面と，そのとらえ方を例にあげて，2つの教育観について考えてみよう。

　A幼稚園の卒園式，きちんと足をそろえてすわった子どもたちは全く動かない。園長先生の挨拶，来賓の挨拶の間もしっかり前を向いて話を聞いている。一人ひとりが名前を呼ばれると，大きな声で「ハイ！」と返事をし，前に出て行って深々と礼をする。誇らしげに証書を受け取る手の指先はピンと伸びている。

　一方，B幼稚園の卒園式。子どもたちは，慣れない雰囲気に落ち着かず，もぞもぞしている。後ろに並んだ保護者の方を何度も振り返っては両親に手を振る子どももいる。園長先生が一人ひとりに，やさしく名前を呼びかける。呼ばれた子どもは，先生の前に行って，卒園証書を受け取り，握手をする。返事をする子もしない子もいる。無言の笑顔で受け取る子，はにかみながら「ありがとう」と言う子，握手した手に渾身の力をこめて握り返す子……，さまざまである。

　この2つの幼稚園の卒園式について，出席した来賓の意見はさまざまであった。まずA幼稚園について，一人の人は「幼稚園でもここまで立派にできるとは，すばらしい。教育の成果だ」，また別の人は「きっと，何度も何度も退屈な練習を重ねたことだろう。子どもたちがかわいそうだ」と。次にB幼稚園について，一人の人は「子どもたち，一人ひとりの個性が大切にされていた。心のこもった素敵な卒園式だった」，さらに別の人は「式なのだから，もう少し厳粛に行われた方がよいと思う。子どもたちにマナーを教えるよい機会なのに，チャンスが生かされていない」と話す。

さて，こんな場面に遭遇したとき，あなたならどんなことを考えるだろうか。

上記のような考え方の違いは「教育観」の違いによる。何を目的とし，どのような方法で教育を行おうとしているかを「教育観」という。教育観にはおおまかに分けて，「積極説」と「消極説」の2つの流れがある。

1）積 極 説

「子どもを社会に適応させるため，大人は，学校でも家庭でも知識・礼儀・価値観などを積極的に教え込む必要がある。子どもというものは，大人が教えないかぎり何も覚えられない。善悪の判断なども小さいうちからしっかり教えないと，判断力のない子に育ってしまう」という考え方であり，教育する側の親や教師が，自分が望ましいと考える方向に導くことが教育であり，そのために，親や教師は積極的に子どもに働きかけていく必要があるとする教育観である。

2）消 極 説

「子どもは大人が意図的に教え込まなくとも，子どもどうしの遊びや大人との会話，あるいは大人の行動を観察することを通して，多くのことを学び取り，社会に適応していくことができる。善悪の判断なども，試行錯誤する中で身につけていくのだから，大人は指示を与えず見守ることが大切である」という考え方であり，親や教師が特定の方向づけをするのではなく，教育を受ける側の子どもが，自ら方向を見いだし，学ぼうとすることを見守ることが大切であるとする教育観である。

児童観に対応させて考えると，「積極説」は子どもを「性悪」的な存在，あるいは「白紙」としてとらえる考え方に基づき，「消極説」は子どもを「性善」的な存在，あるいは「自ら成長しようとする」存在としてとらえる考え方に基づいていると言えよう。子どもの個性や個人差を重視する児童観に立った場合には，基本的に子どもの自発性を尊重する「消極説」の立場に立ちながら，必要に応じて子どもの発達レベルに合った積極的な援助や方向づけを行っていくということになろう。

4. 幼稚園や保育所における保育

(1) 集団保育の基本となる考え方

　ここでは主に，幼稚園や保育所といった保育施設を中心として行われる保育について，ガイドラインとしての「幼稚園教育要領」や「保育所保育指針」の内容を紹介しながら，具体的な配慮や，指導計画を立てる際の留意事項について教育心理学的な観点から述べていく。

1) 保育の目標

　幼稚園では「幼稚園教育要領」，保育所では「保育所保育指針」の名称で，乳幼児期の保育の基本となる考え方が政府から示され，その中には，保育の目標や保育内容，保育方法，保育者の役割等について詳しく述べられている。

　たとえば，「保育所保育指針」の「第1章　総則　1　保育の原理　(1)　保育の目標」では「子どもは豊かに伸びていく可能性をそのうちに秘めている。その子どもが，現在を最もよく生き，望ましい未来をつくり出す力の基礎を培うこと」という目標が示されている。

　つまり，保育の場においては，子どもが安心して今現在の自分を十分に発揮しながら生きることを助けると同時に，今後の成長過程においておとずれる，さまざまな困難を乗りこえる力を養い，さらに，創造的に自分自身の進む道を切り開いていく力の基礎をつくることが求められている。

2) 保育内容

　保育内容は，上記のような保育目標を達成するためにある。そして，「幼稚園教育要領」や「保育所保育指針」では子どもたちの成長発達を援助するために，どのような保育内容が必要かについて具体的に述べられている。

　乳児の保育（6ヵ月未満児から2歳児）については「保育所保育指針のみ」に，それ以外の年齢に関しては「幼稚園教育要領」も「保育所保育指針」も同

■キーワード■　幼稚園教育要領→p.192　保育所保育指針→p.192　保育内容

じ内容が示されている。

　そして，年齢別に5つの領域（健康，人間関係，環境，言葉，表現）からどのような経験が必要かといった形で，その内容とねらいが述べられている。

　ここでは，3歳児の保育内容の5領域からいくつかを取り上げて，子どもの発達とどのように関連づけられているかをみてみよう。

　「健康」の領域では，たとえば，「(1) 楽しい雰囲気の中で，さまざまな食べ物を喜んで食べようとする」「(2) 便所には適宜一人で行き，排尿，排便を自分でする」とあり，基本的生活習慣の獲得を目ざすとともに自発性を尊重する内容であることに気づかれたと思う。

　次に，「人間関係」の領域では，「(1) 保育士にさまざまな欲求を受け止めてもらい，保育士に親しみを持ち安心感をもって生活する」「(2) 友だちとごっこ遊びなどを楽しむ」など，愛着関係の形成と情緒の安定，友だちとのかかわりについて述べられている。

　「環境」の領域では，「(1) 身近な動植物をはじめ自然事象をよく見たり，触れたりなどして驚き，親しみをもつ」「(2) 身近な人々の生活を取り入れたごっこ遊びを楽しむ」など，積極的に周囲の世界に関心を示し，それをイメージ化して遊びに取り入れることが示されている。

　「言葉」の領域では，「(1) あいさつや返事など生活や遊びに必要な言葉を使う」「(2) 自分の思ったことや感じたことを言葉に表し，保育士や友だちと言葉のやりとりを楽しむ」など，生活や遊びを発展させるために必要なコミュニケーションの道具としてのことばの獲得を目ざしている。

　そして，「表現」の領域では，「(1) 身の回りのさまざまなものの音，色，形，手ざわり，動きなどに気づく」「(2) 音楽に親しみ，聞いたり，歌ったり，体を動かしたり，簡単なリズム楽器を鳴らしたりして楽しむ」など，感覚運動的な体験を重視し，認知的な能力や，表現力の発達に配慮した内容となっている。

　以上のように，保育内容は5領域に分けて記述されているが，実際の保育場面では5つの領域がそれぞれ独立して経験されるものではない。

■キーワード■　5領域→p.*186*

◀「ニンジンおいしいの？」
「うん」
お弁当の時間にも，子どもたちはたくさんのことを学んでいる。

　砂場遊びを例にとってみることにしよう。
　子どもたちが砂場に群がり，無心に色々な道具を使って穴を掘ったり，山を作っている。汗びっしょりになり，全身の筋肉を使い思いきり遊ぶことで，「健康」なこころとからだが培われ，「いれて」「いいよ」と言ったり，「ここはもっと高い山がいいな」など自分の思いを「言葉」で表現しながら友だちや保育者との「人間関係」も学んでいる。そして身近な自然「環境」つまり砂，水とかかわるなかでその特性についても学び，自分の気持ちを，砂を通して形で「表現」する楽しさや心の解放も味わっているであろう。このように，子どもの遊びや生活は5つの領域すべてが融合して展開されているのである。

（2）保育の計画とその意義

1）保育計画と指導計画

　幼稚園や保育所における保育の目標を達成するために，園生活全体を通してどのような道筋をたどって保育を行っていこうとするのか，保育の骨組みを示す全体的な計画が，幼稚園における「教育課程」であり，保育所における「保育計画」である。また，「指導計画」はそれを具体化したものであり，教育課程や保育計画をもとに，具体的に，それぞれの時期のねらいや，内容，環境構成，予想される子どもの活動などを記していくものである。

■キーワード■　教育課程　保育計画　指導計画

上記のような「教育課程」「保育計画」「指導計画」を併せて「保育の計画」ととらえると、保育の計画は、乳幼児の発達に即した生活が展開され、適切な指導が行われるように作成されなければならない。

　通常、発達は一定の順序に従い、おおよそ、その年齢で習得されるべき行動、つまり発達課題がある。それぞれの年齢に即した経験というのは、この発達の法則に即した発達課題を達成するために必要な経験と言い換えることもできる。発達課題は、ただ子どもたちを自由にさせておけば達成されるものではない。また、保育者が思いつきでいろいろな保育内容を与えても、子どもの成長を効果的に援助することにはつながらない。

　子どもは自ら環境に働きかけ、成長しようとしているわけであるから、その環境を十分に整え、子どもの好奇心を触発し、子ども自身が精一杯の力を発揮して経験を深められるような保育の計画を準備することが必要である。

2）指導計画の種類と目的

　指導計画にもいくつかの種類がある。期間によって、年間指導計画、期別指導計画、月別指導計画（月案）、週案、日案などに分類され、集団保育の中での、子どもの育ちに即した保育内容が配列されている。

　これらの指導計画とは別に、個々の子どもの育ちに即した個別指導計画を立案している保育施設もある。特に乳児期の発達は個人差が大きく、月齢が1ヵ月違っただけで発達課題も異なり、それに伴って保育内容も違ってくるため、個別の指導計画を立案することが必要となってくるのである。

　表1-1に3歳を対象にした月案の例を示した。

　指導計画は実際の保育が展開される以前に立案されるものであり、指導計画で配列されている保育内容は、あくまでも、保育者が計画立案時点での子どもの姿や、これまでの経験から予測して立てたものである。したがって、実際の保育場面では指導計画で配列された保育内容がすべてそのとおりに展開されるわけではない。その場の状況によって、活動の方向がずれることも、保育者が予測した速度よりゆっくりと進むこともあり、その都度指導計画は修正される

■キーワード■　保育の計画　発達課題→p.190

べきものである。

　ともすると，子どもの興味や発達の状況にかかわらず，指導計画どおりに保育が展開できるかどうかを評価しがちであるが，指導計画は，本来子どもに合わせて立案され，常に軌道修正を繰り返しながら作られるものである。

　保育者は，子ども一人ひとりの興味や関心の方向，心身の発達の状況を十分理解したうえで，綿密に保育の計画を作成すると同時に，具体的な援助（教育的アプローチ）の方法に工夫を凝らし，目の前の子どもの姿に柔軟に対応していかなければならない。

表1-1　ある幼稚園の月案（11月）の例（3歳児）

子どもの姿	○運動会，遠足等の行事も終わり，のんびりと自由遊びを楽しんでいる。 ○互いに自己主張し，衝突を起こしながらも，自分たちで解決しようとする姿がみられる。 ○身近な材料を使って遊び道具を作ったり，作り方を教え合う姿が見られる。	ねらい	○ゆったりとした雰囲気の中で，心身共に安定した状態で過ごす。 ○友だちと一緒に活動する楽しさを味わう。 ○秋の自然に親しみ，自然物を使ったいろいろな遊びを楽しむ。	家庭・地域との連絡	○保育参観を通し，集団の中での4月からの成長の様子を伝える。 ○寒さに向かう時期であるため，気温にあわせ衣服の調節ができるように着替えを用意してもらう。	行事	○七五三 ○誕生会 ○身体測定 ○保育参観
内　　容			環境の構成と配慮		予想される子どもの活動		
○外遊びの後や，食事の前の，手洗い，食後の歯磨きを進んで行う。 ○衣服が汚れたら，着がえを自分からやろうとする。 ○友だちと遊ぶ中で，思っていることを表現しながら，やりとりを楽しむ。 ○遊びの中での自己主張や，自我のぶつかり合いによるトラブルを話し合いで解決しようとし，遊びを継続させる。 ○散歩や戸外活動を通して，木の実を拾ったり，落ち葉を集めたりして，秋の自然を感じながら遊ぶ。 ○いろいろな素材にふれ，遊びに使うものを自分で考えて作ることを楽しむ。 ○今月の歌や手遊びを楽しむ。 ♪ぶたくん道を行く ♪やきいもじゃんけん			○登園後のタオルかけや着替えの入れ替え，汚れ物袋を確認し，子どもが自分で出し入れしやすいように配慮する。 ○衣服の前後等に注意を促し，手を出しすぎないようにしつつ援助する。 ○戸外遊びの用具を十分用意し，保育者がすすんで戸外に出て遊びに誘う。遊びの中の子どもたちの会話に参加し，他の子の話を聞いたり，自分の気持ちを言葉で伝えることができるよう助ける。 ○落ち葉や木の実拾いができる安全な場所をみつけ下見しておく。 ○木の実の図鑑や秋の絵本をいつでも見られるように用意しておく。 ○子どもたちが集めた木の実や落ち葉を分類し，かごに入れて遊びの素材として使いやすく並べる。 ○新聞紙，絵の具，画用紙，ボンド，プリンカップ，紙粘土等を用意し，子どもたちが簡単に制作活動できるような材料を準備しておく。		○登園後，タオルをかけ，荷物の始末を行う。 ○手洗い，うがい，歯磨きを行う。 ○必要に応じて，できるだけ自分の力で着替える。 ○砂場遊び，ままごと，お店屋さんごっこ等の集団での遊びが発展する。 ○遊びのルールや方法，物の所有等をめぐってトラブルがおきる。 ○トラブルを乗り越えて遊びを続ける。 ○散歩に行って，秋の自然の中で遊ぶ。 ○木の実や落ち葉を拾って持ち帰る。 ○自由画を描いたり，スタンプ遊びをする。 ○木の実，木の葉を使った制作を行う。 ○保育者と一緒に歌をうたったり手遊びをする。		

コラム1：CAP―子どもへの暴力防止プログラム―

　CAPとは Child Assault Prevention の頭文字をとったことばで，「子どもが暴力から自分を守るための教育プログラム」を意味する。

　CAPは1978年に米国オハイオ州で始められたプログラムであり，きっかけとなったのは，コロンバスの小学校で，登校途中の女子生徒がレイプされるという事件であった。この事件の後，保護者は子どもたちが二度と被害に合わないように車で送り迎えをしたり，一人で遊ばせないようにしたが，このような状況は子どもたちの精神を不安定にし，おねしょをしたり，うなされたり，一人でいるのを怖がるなどの行動が多くの子どもに見られるようになった。子どもたちの安心感を取り戻すための方法を見つけるために，児童発達の専門家，心理療法家，医師，教育者，演劇の専門家，そして親たちが知恵を出し合い，生まれたのがこのプログラムである。

　CAPプログラムの特徴は，子どもも大人と同じように「基本的人権」をもつということを基本にしている。その上で「子どもは大人が守るべき弱い存在だ」という児童観を否定し，「子どもは不安で困難な状況にあっても，子ども自身で問題を解決する力をもつ」とし，子ども自身がもつ力を引き出す「エンパワメント」を行っていこうというものである。

　子どものためのワークショップでは，子どもたちは最初に大切な3つの権利「safe（安心），strong（自信），free（自由）」について学ぶ。この3つは生きるために絶対必要なものと説明される。子どもたちは「自分たちは大切な権利をもっている」という人権意識を積極的に学ぶことによって，自分自身が価値ある存在であることを知り，自信と勇気を得る。次に，子どもたちがわかりやすく，怖がらないように工夫をした方法で虐待や暴力について学ぶ。そして，大切な権利を守るための具体的な方法として「いや」（拒絶する），「逃げる」（大声をあげて助けを求め逃げる），「話す」（信頼できる大人に打ち明ける）の3つを実際に練習する。

　たとえば，見知らぬ大人と話すときは，腕を伸ばしただけの距離を必ずとる，連れ去られそうになったら「ウォー」と低い唸り声のような叫びをあげる，つかまれたら，相手のすねをけったり，腕をかんだりしてもいいと教えられる。

　年上のいとこから性暴力を受けそうになるという設定では，まず，その場から逃げる，一人で抱え込まず，大人に話すというロールプレイを見る。

　かけがえのない大切な存在である自分自身を守るための，きわめて具体的で，実践的なスキルを子どもたちに提供することで，子ども自身が勇気をもって行動を起こす力を引き出すことがCAPの目的である。

コラム2：教育心理学の研究方法

　教育心理学の研究方法には「実験法」「調査法」「観察法」「質問紙法」「面接法」「事例研究法」などがある。これらのうち，幼児を対象とした研究方法として用いられることの多い「実験法」と「自然観察法」について，具体的に説明する。

(1) **実験法**

　なんらかの条件を設定し，そこで生じる行動を測定することによって，その条件が行動の変化にどのような影響を与えるのか，または，その行動はどのような条件によって起きるのか明らかにしようとする方法である。

　実験法においては，調べたい項目を除いた他の条件を可能な限り同一にすること，同じ実験を複数の対象に行うことで，より正確な結果を得ることができる。

　たとえば，最初に，自由遊びの中で子どもたちがどの程度の頻度で絵を描くかを調べておく。次に，子どもを2つのグループに分け，一方のグループには絵を描いたら金色のシールをあげると約束し，1週間毎日実行する。もう一方のグループには何もしない。2週間後，自発的に絵を描く頻度を調べ，ごほうびとしてシールをあげることが子どもの行動にどのような影響を与えたかを調べる。（さて，両グループの行動はどのように変化したのだろう。）

(2) **自然観察法**

　自然な日常生活の場面で，自発的に起こる行動を観察するのが自然観察法である。この方法は，観察された行動を通し，その人の内的状態，内的世界を推論する作業と言える。

　ビデオカメラの普及によって，反復観察や，複数の観察者による検討，保育者自身が自分の保育行動を観察し，子どもとの関係に客観的な考察を加えることなどが可能になり，観察の妥当性と有効性を高めることが可能になった。

　たとえば，ある子どもが「突然わけもなく」まわりの子どもにかみつくという行動が続けて見られた時に，詳細に観察を行うと，実はかみつきが起こる少し前に，なんらかの理由でその子がやりたい行動を妨げられる場面や，相手の子どもが持っているおもちゃをじっと見つめるという行動が観察できた。おそらく，自分の不満をうまく伝えられないもどかしさや，欲しいおもちゃを手に入れられない葛藤がかみつきになると推論し，それ以後子どもの気持ちを代弁し「＊＊がしたかったのね」「＊＊がほしいの？」というようなことばかけをするようにしたところ，かみつき行動が徐々に減った。

　このようにして，観察法によって得られた知見を保育に生かすことが可能になる。

第 2 章
発達と教育

　発達心理学が，人間の一生における変化の過程をありのままに見つめ理解するための学問であるとすると，教育心理学はその「発達過程」にどのような教育的かかわりをもっていくべきかを追い求める学問である。
　本章では，人間の発達にかかわる代表的な理論について学習しながら，乳・幼児期を中心に，年齢に応じた保育・教育のあり方について，学んでいく。

1. 発達を規定するもの

(1) ヒトの発達とは

　発達とは，受精の瞬間から死に至るまでの，ヒトのからだやこころの構造・働きに生じる連続的な変化のことをいう（生物としての人間を，本書では「ヒト」と表記する）。もちろん，心理学では，こころの構造や働きの方に重点をおく。そして，身長が伸びるというような単純な量的変化だけではなく，生まれ育った国のことばを自由に使いこなすようになるなど，環境との相互作用によって生じる質的な変化をも含む。

　同じ離巣性である霊長類の中で，ヒト以外のもの（ゴリラ，チンパンジーなど）は，生まれたとき，すでによく成熟しており，自分の力で母親の胸にすがりつくことができる。それに比べると，ヒトは非常に頼りない未成熟な状態で生まれてくる。その理由の1つが，ヒトの大脳は発達が著しく，生後1年間でその重量が3倍に成長するため，それ以上胎内にとどまると，頭囲も大きくなり難産の心配があるという点である。それを避けるために，本来必要な妊娠期間より約1年短い段階で生まれてくることが，ヒトの普通の状態になったと考えることができる。

　スイスの動物学者ポルトマンは，これを生理的早産と呼び，ヒトは二次的留巣性をもつ特異な存在であるとした。したがって，生まれた直後からさまざまな刺激に触れ，大脳神経の発達を大いに促進することが可能となる。また，ヒトは，出生後の経験を通して習得される行動が，他の動物よりもはるかに多いため，発達においては環境要因によって規定される面が大きいといえる。

　環境から学習する要素と，遺伝的に決まっている要素が，それぞれどのように発達に影響を与えているかを見ていくことにしよう。

■キーワード■　　離巣性→p.192　　ポルトマン　　生理的早産

(2) 遺伝（成熟）と環境（学習）

　遺伝とは，生物の身体や精神機能の特徴が，染色体内に含まれる遺伝子を通して，次の世代へと伝達される現象をいう。

　遺伝の働きは，次の2つに分けられる。1つは，特定のグループに共通の性質をもたせ，他のグループとの違いを決定づける働き，もう1つは，そのグループの中において，個体間の違いをもたらす働きである。ヒトというグループについて考えてみると，前者にはヒトらしい体格・能力・動作など，ヒトを他の動物から区別する働きがある。後者には，知能，性格，体質など，ある個人を他の個人から区別する違い，いわゆる個人差を作る働きがある。

　一方，環境は受精後の個体を変化させるものであり，そこにはあらゆる経験が含まれる。やや極端な例を示せば，ヘビースモーカーの母親からは低出生体重児が生まれやすくなることが知られているが，これは母親の胎内がすでに環境として胎児に影響を与えているからである。

(3) 遺伝（成熟）か環境（学習）か

　発達に対して，遺伝と環境のどちらの要因がより影響を与えうるのかという問題は，心理学における最も古くからの論争の1つである。結論からいうと，遺伝にしろ環境にしろ，どちらかの要因のみが発達に影響を与えるとする単一要因説は，あまり分がよくない。しかし，少なくとも初期の発達研究においては，このいわば非常に単純な問題提起に関して，さまざまな研究が意欲的に積み重ねられ，その後の輻輳説や相互作用説を引き出すための必要なステップとなったように思われる。順に見ていくことにしよう。

1）遺伝説

　家系調査法　イギリスのゴールトンが，ドイツの音楽家バッハらの家系を例に挙げ，同じ分野で優れた人物を何人も輩出している家系が存在することから，発達に関する規定要因としては，遺伝の方が重要であるとした。しかし，

■キーワード■　遺伝　個人差　環境　低出生体重児→p.189　単一要因説　家系調査法

たとえば，優秀な音楽家の家庭に生まれた子どもは，豊富な良質の音楽に囲まれて育つだろうし，楽器を手にするのも早いだろう。さらに，身近に音楽家として成功しているモデルが存在するのだから，当然，見て学ぶことは多いであろう。このように，遺伝要因と環境要因とを完全に切り離して考えることは不可能であると批判された。

双生児法 異なる環境に育った双生児の身体的・心理的形質を比較する方法である。図2-1のように，いくつかの研究では，異環境一卵性双生児の知能指数の相関が，同環境一卵性双生児の場合と非常に近かったことから，遺伝は知能の違い決める要因として重要であると結論している。

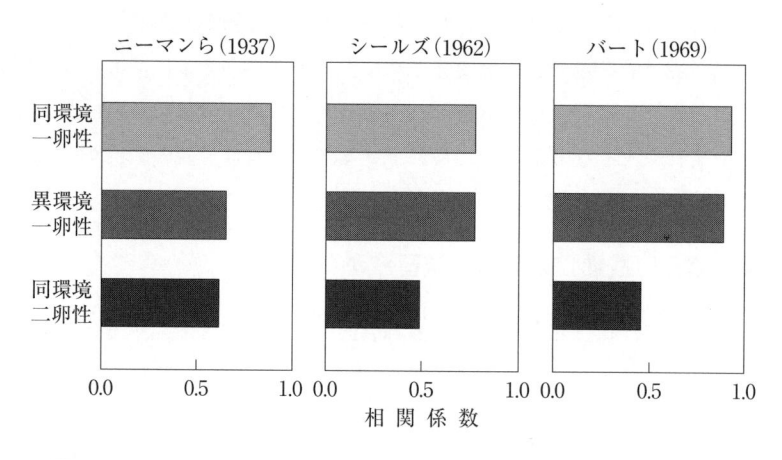

図2-1 双生児の生育環境と知能の相関 (フィッシャーほか，南監訳，1976)

しかし，生後ごく早い時期から異なる環境で育てられた一卵性双生児という特殊な事例は，少なすぎて一般化できないという欠点がある。また，先の図2-1はイギリスのバートが集めた資料を，ジェンセンがまとめたものであるが，バートは大都市部の白人のみを対象としていたことから，環境要因の与える影響に差が出ず，相対的にもう一方の遺伝要因の影響が高まったとも考えられる。現代の日本のように，中流の階層が多数派を占め，レベルの高い公教育

■キーワード■ 遺伝要因 環境要因 双生児→p.188 双生児法

が広く普及している社会においても，同様の傾向が予想される。

　ゲゼルは，一卵性双生児に対して階段登りの訓練を実施した結果から，その学習に必要な能力が成熟する以前に学習を行っても効率が悪いとし，レディネス待ちの教育観を広めた。ただし，ゲゼルが訓練課題として取り上げた階段登りは，歩行と同じようにもともと遺伝的規定性が強く，かつ日常生活のなかでもそれに近い運動がなされる可能性があり，課題としては不適当であるという批判がなされている。

　環境閾値説　ジェンセン（1968）は，「遺伝的に伝えられている心身の形質が，実際に現れるためには，環境要因の質や量が一定水準（＝閾値）を越す必要がある」という説を唱えた。環境要因は閾値として働くとしているため，環境閾値説と呼んでいる。しかし，図2-2に示すように，その形質が出現するために必要とされる閾値は，形質の種類によって異なる。たとえば，ヒトは，通常，特別な訓練をしなくても，1歳3ヵ月ごろまでには，歩行を開始する。また，親の身長が高い場合，よほど不良な養育環境でないかぎり，その子どもの身長も高くなる可能性が高い。一方，外国語の発音を正確に学習するためには，幼少期にその国で生活するなどの特殊な環境が大いに役立つ。つまり，歩

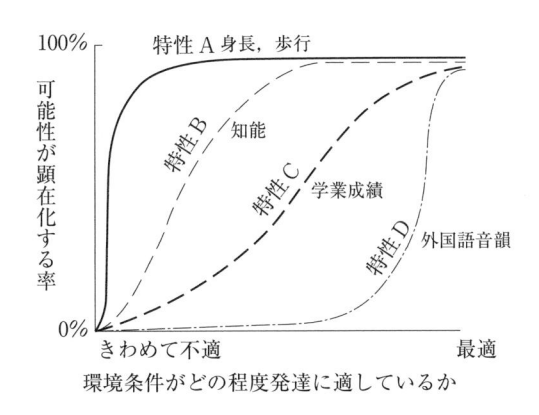

図2-2　ジェンセンの環境閾値説の解説図（東，1969を改変）

■キーワード■　ゲゼル→p.186　レディネス→p.192　環境閾値説

行や身長の環境閾値は低く，外国語音韻の環境閾値は高いといえる。

　1960年代当時，アメリカでは，スラムの子どもたちの学業不振対策として「ヘッド・スタート計画」が国家的規模で行われていた。知能の遺伝規定性を80％とかなり高く考えていたジェンセンは，身長などと同様に，環境をどんなに豊かにしたからといって，知能指数を引き上げることはできないとし，この補償教育を批判した。

2）環　境　説

行動主義　　第1章で説明したように，ワトソンは，環境しだいで子どもはどのようにでも育つという，過激な環境優位説を唱えた。あらゆる行動は，刺激と反応との連合によって作り出すことができるとする行動主義の立場を強調する彼としては，当然の主張であろう。しかし，ヒトはそれほど単純な存在ではない。現に，ワトソン自身も，自分の子どもを思い通りに育てることはできなかったと伝えられている。

野生児　　インドでオオカミの巣穴から救出され，アマラとカマラと名づけられた2人の女児は，「オオカミに育てられた子」として有名である。彼女たちを育てたシング牧師の報告によると，救出された時点で1歳と推定されたアマラはその翌年死亡したが，8歳と推定され牧師のもとで10年間生きたカマラは，最後まで2本足で走ることはできず，約50語ほどの単語しか獲得できなかったという。初期経験があまりに劣悪であり，そのまま臨界期を過ぎてしまうと，ヒトとして生まれてもヒトとして育つことができない，つまり直立歩行や言語の使用ができないということを示唆している。初期経験と臨界期に関する研究には，比較行動学者のローレンツによる刷り込みの実験が有名である。

　ただし，「アマラとカマラ」の例については，生後半年程度でオオカミに連れ去られたと推定されるヒトの子どもが，オオカミの食用とされなかったことなどについての不自然さが指摘されている。彼女たちはオオカミに育てられたのではなく，捨て子にされた障害児だったのではないかという見方もある。

■キーワード■　　ヘッド・スタート計画→p.*191*　　環境説　　行動主義　　野生児→p.*191*　　初期経験→p.*187*　　臨界期→p.*192*　　刷り込み→p.*188*

(4) 遺伝（成熟）も環境（学習）も

1） 輻輳説から相互作用説へ

やがて，発達には遺伝も環境も共に作用するという考え方が，シュテルンによって輻輳説として唱えられるようになった。この立場をうまく視覚化したものに，ルクセンブルガーの図式（図2-3）がある。ここでは，遺伝と環境とを加算的にとらえ，ある形質の発現に関しては，遺伝の影響が30％で，環境の影響が70％というように考える。

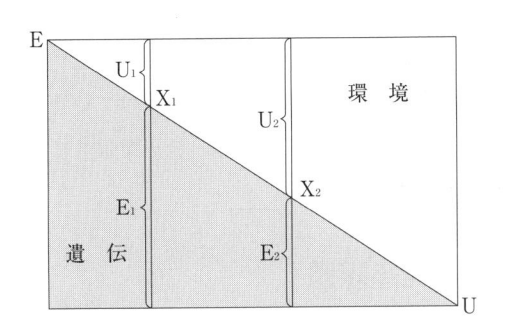

図2-3 ルクセンブルガーの図式（藤永，1982）

▶形質X_1は遺伝と環境の発現比率が$E_1：U_1$，形質X_2では$E_2：U_2$となる。対角線の両端はもっとも極端なケースで，それぞれ遺伝に100パーセント，環境に100パーセント支配される形質となる。

相互作用説は，遺伝と環境の影響を相乗的にとらえる。この立場にサメロフらの「相乗的相互作用モデル」がある。低出生体重児など，出生時にハイリスク要因があると，母親は強い不安を抱え，子どもの要求に対して適切に応える余裕を失ってしまう。すると，子どもの生活リズムは安定せず，「扱いにくさ」が形成される。母親は，子どもとのかかわりにますます喜びを感じることができず，ことばかけも少なくなっていき，場合によっては，子どもの言語発達遅滞を招くこともあるというものである。

■キーワード■　輻輳説　相互作用説

現在では，この相互作用説が，発達を規定する要因を最も合理的に説明すると考えられている。

2）発達の最近接領域

旧ソビエトの発達心理学者ヴィゴツキーは，同じ知能指数をもつ子どもたちに対して，大人の指導のもとに，実際の年齢よりも高いレベルの知能テストを解かせてみた。すると，子どもによって，解ける問題のレベルは大きく異なるという実験結果を示した。彼は，自力で問題解決可能な「完成した発達水準」と，大人や仲間の援助があれば問題解決に至る「少し上の発達水準」とがあることを指摘し，2つの水準の範囲を発達の最近接領域と呼んだ。大人の教示やヒント，仲間との意見交換や質問といった相互交渉を通じて，子どもたちがやる気を起こしやすい「少し難しい」レベルに働きかけていくことで，レディネス待ちの姿勢ではなく，より積極的に子どもの発達を促していこうとする観点が強調されるようになった（p.70参照）。

2. 発達段階と発達課題

（1）発達段階とは

人間の一生を，それぞれの時期の特徴によっていくつかの時期に分けてとらえたものが発達段階である。発達段階は，一般的に胎生期，乳児期，幼児期，児童期，青年期，成人期，老年期のように区分されることが多い。しかし，発達のどの側面に注目するかにより，区分の方法は多種多様である。

ハヴィガーストは，個人が一生の間にそれぞれの発達段階で獲得しなければならない知識，機能，技能，態度などを発達課題と呼んだ（表2-1）。子どもは，他者との対人関係から，その社会のさまざまな規範，習慣，価値観や行動様式を知る。それらに自分を合わせ，受け入れていくことが，発達課題を達成することになり，その社会に適応できることにつながるのである。

■キーワード■　ヴィゴツキー→p.183　発達の最近接領域　発達段階→p.190
ハヴィガースト　発達課題

表2-1　発達課題（Havighurst, 1953の一部）

乳・幼児期
1. 歩行の学習
2. 固形食をとる学習
3. 話すことの学習
4. 排泄の学習
5. 性差と性的慎しみの学習
6. 生理的安定の達成
7. 社会的・物理的現実についての単純な概念の形成
8. 両親・きょうだいとの人間関係の学習
9. 善悪の区別，良心の学習

児童期
1. 日常の遊びに必要な身体的技能の学習
2. 生活体としての自己に対する健康な態度の形成
3. 遊び仲間とうまくつき合うことの学習
4. 男子あるいは女子としての適切な社会的役割の学習
5. 読み・書き・計算の基礎的能力の発達
6. 日常生活に必要な概念の発達
7. 良心・道徳性・価値観の発達
8. 個人的独立の達成
9. 社会集団や制度に対する態度の発達

（2）エリクソンの自我の発達段階説

　エリクソンは，フロイトの発達段階説（第5章を参照）を自らの説の土台としつつも，自我の発達には遺伝要因だけではなく，文化，社会的義務などの環境要因が大きく関与すると考えた。そして，生まれてから死ぬまでの一生を8段階に分け，それぞれの段階には克服すべき「心理社会的危機」があるとした（図2-4）。それぞれ対になって示されている前者のプラスの特性の方が，いわばその年齢段階における発達課題であり，それを身につけていくことが重要である。それがうまくいかず，後者のマイナスの特性が身についてしまうと，次の発達課題の達成に大きな影響をおよぼしていく。

■キーワード■　エリクソン→p.184　フロイト→p.191　心理社会的危機

	1	2	3	4	5	6	7	8
老年期 Ⅷ								統合 対 絶望，嫌悪
成人期 Ⅶ							世代性(生殖性) 対 停滞	
前成人期 Ⅵ						親密 対 孤立		
青年期 Ⅴ					同一性 対 同一性混乱			
学童期 Ⅳ				勤勉性 対 劣等感				
遊戯期 Ⅲ			自主性 対 罪悪感					
幼児期初期 Ⅱ		自律性 対 恥，疑惑						
乳児期 Ⅰ	基本的信頼 対 基本的不信							

図2-4　自我の発達段階（Erikson, 1963）

8段階のうち青年期までを概観してみよう。

1）乳児期（およそ0歳～1歳6ヵ月）

私たちが，人としてこの社会で生きていくためには，世の中を信じ，周囲の人々を信じ，何よりも自分自身を信じていかなければならない。この絶対的な信頼感を「基本的信頼感」と呼んでいる。これは，乳児期において親をはじめとする養育者との親密な接触によって形成される。しかし，接触そのものがなかった，あるいはうまくいかなかったような場合には，他人や自分自身への不信感が根づいてしまうと考えられている。

2）幼児期初（前）期（およそ1歳6ヵ月～3歳）

この時期の発達課題は「自律性」の獲得である。この時期はトイレット・トレーニングをはじめ，基本的な生活習慣を身につけるためのしつけが始まる時期である。そして，同時に子どもは自分は母親とは異なる意志をもつ存在であ

■キーワード■　基本的信頼感→p.185　トイレット・トレーニング→p.189
基本的な生活習慣→p.185

コラム3：ベビーサイン―まだ話せない赤ちゃんと話す方法―

「アッ，アッ」と声を出しながら，懸命に何かを指さしている赤ちゃん。生後9ヵ月ぐらいになると，発音遊びの喃語に続いて，相手に何かを伝えようとする指さしが始まる。まだことばは使えないため，周囲の大人がその時の状況から赤ちゃんの要求等を察し，応えてやることの繰り返しによって，基本的信頼感が形成されていく（本文参照）。ハイハイもできるようになり，行動のみならず興味の範囲も広がっていく時期なので，赤ちゃんが訴えたいことも急速に増えてくる。しかし，赤ちゃんの言いたいことをなかなかわかってあげられず，赤ちゃんもむずかって泣いたり，親の方もイライラしてしまうことも多い。

親子でうまく意志疎通ができない時は，お母さんが身振り手振りのジェスチャーを加えると赤ちゃんとのコミュニケーションがとりやすくなる。リンダとスーザン（1996）は，こうしたジェスチャーを「ベビーサイン」と名づけた。ことばを話せない赤ちゃんも，ベビーサインを使うことで，簡単な名詞や要求，感情を表すことができるのである。

家庭でベビーサインを使っている群と使っていない群とに分けて，定期的に各群を比較するという実験を行った結果，使用群は不使用群に比べ，知能テストの成績やことばに対する理解力に優れ，語彙も豊富で，高い論理的能力を必要とする遊びにもうまく参加できたという。

また，実験に参加した家族に対するインタビューでは，「ベビーサインを使って物の名前を教えたり，赤ちゃんにいろいろな質問をしたりすることで，赤ちゃんとのコミュニケーションがうまくいき，育児のストレスが減った」「赤ちゃんがベビーサインというコミュニケーションスタイルに頼ってしまい，話しことばを覚えようとしなくなるのではないかという不安を抱いていたが，ベビーサインの使用により，意思伝達や感情表現の意欲が高まり，ことばの獲得にも何ら弊害はなかった」というような感想が述べられたという。実は，私たちは知らず知らずのうちにベビーサインを使っているともいえる。日本でよく歌われる「げんこつやまのたぬきさん」などの手遊びのなかには，ベビーサインがふんだんに盛り込まれているのである。

ベビーサイン

ることに気づき，自己主張の芽生えである「第一次反抗期」を迎える。自分の内からの欲求と，親による外からのしつけ統制との狭間で，バランスをとるのは難しい。

たとえば，お母さんがこの時期の子どもに「そろそろオシッコの時間じゃない？ おトイレ行ってみる？」というように声をかけると，たいてい，「ヤダ！」という答えが返ってくる。「トイレに行くか行かないかは自分で決めたい」という意思表示である。ところが，排尿感覚の意識とコントロールが未熟な時期なので，たいていの場合，この後間もなく「おもらし」という事態が起こる。このとき，「あーあー，またなのー！ だから，トイレに行きなさいって言ったでしょう！」というように強くしかったり，無理やりトイレに座らせることを繰り返すと，自分の感覚を頼りに行動してみる，つまり自律するという体験ができない。

この時期のしつけにおいて大切なのは，こうしなければいけないということを根気よく伝えつつ，子どもの意志を尊重し，自分からそれをするようになるのを待ち，支えることである。

3）遊戯期（幼児期後期）（およそ3歳～6歳）

この時期は「自主性」を発揮することが求められる。子どもは，自分から何かに働きかけることによって対象を理解しようとする時期である。自由に操れるようになったからだとことばとを駆使し，旺盛な好奇心でまわりの世界を取り入れる。

斜面を登ったり，降りたり，滑って転がったり，入り口から入らず，わざわざ柵によじ登って乗り越えたり。洋服は汚れ，擦り傷は絶えず，大人からみると，意味のないいたずらばかり次々しているように見える。

一方で，大人の考えにも理解を示し，自分からお手伝いをしたがるようになるのもこの時期である。時には，失敗してかえって大人の仕事を増やし，「頼むから手を出さないで」と言いたくなることもある。

しかし，エリクソンは大人がこういった自発的な行動を根気強く認めてやる

■キーワード■　第一次反抗期　自主性

ことによって，子どもがあらゆることに自発的に取り組み，創造性を発揮することができるようになると考えている。

4）学（児）童期（およそ6歳～12歳）

学齢期を迎え特に小学校中学年以降になると，運動能力や学業成績，音楽や美術の技能などに，かなり個人差が出てくる。また，友だちと自分を比較し，客観的な評価をするようになるのもこのころである。なんらかの領域で精一杯力を発揮し，自信を持つことができ，「自分には，自分なりの力がある」という自己有能感を育むことに成功すると，何ごとにも一生懸命取り組む態度，いわゆる「勤勉性」を身につけることができる。

ところが，自分なりに頑張ったのに途中経過は評価されず，成績や結果についてばかりうるさく言われたり，友だちと比べられ注意されてばかりいる子どもは，劣等感を肥大させる。

5）青年期（12歳以降）

こうして発達してきた子どもが青年期に入って直面するのが，「自我同一性」（アイデンティティ）獲得の問題である。これまでは，親や先生など周囲の人の考えや行動を，そのまま疑いもせずに受け入れたり，まねたりしていたが，ここから本当の自分づくりが始まるのである。「本当の自分とは何か」という問いかけを自分に対して繰り返し，手探りで探していく。この時期には，成人になってしまってからでは経験できないさまざまな試行錯誤が許され，自分自身に対するいろいろな可能性を試してみることができる。この模索の時期を「モラトリアム」と呼ぶ。

また，親に干渉されずに，何でも自分で決め，実行していきたいという気持ちが強まる。ホリングワースはこれを「心理的離乳」と呼び，いわば，精神的レベルでの乳離れであるとした。しかし，経済的にも親に依存せざるを得ず，現実社会への適応もまだうまくはできない。この混乱やからだとこころの発達のアンバランスから生じる不快・不安が，青年たちを第二次反抗期と呼ばれる葛藤に導くのである。

■キーワード■　自己有能感　自我同一性→p.*187*　モラトリアム→p.*191*
心理的離乳　第二次反抗期

こうした不安や葛藤を共有し，支えてくれるのが，親しい友人の存在である。親というタテの関係から離れるためには，友人というヨコの関係の支えが必要となるのである。

3. 思考の発達と教育

　思考の発達とは，それまでにもっていたものの見方や考え方を，新しい状況に対しても使えるように変えていくことである。スイスの発達心理学者ピアジェは，そのようなものの見方や考え方をシェマと呼び，そのシェマを実際の場面で使おうとする積極的なチャレンジを同化と呼んだ。さらに，それまでのシェマでは，新しい状況に対してうまくいかない場合に，そのシェマを修正することを調節と呼んだ。このように，同化と調節とを繰り返す均衡化によって，シェマがどんどん高度なものになっていく過程そのものが思考の発達であるとピアジェはとらえている。

　たとえば，欲しい物はつかんでそのまま引き寄せ手に入れるというシェマをもつ赤ちゃんがいるとしよう。ベビーベッドの中にいて，柵の間から手を伸ばしている赤ちゃんの手に，おもちゃを手渡すと，そのまま引き寄せようとする（同化）。おもちゃは柵の間にひっかかり，赤ちゃんもうまくいかないことにイライラしながら，柵をガタガタいわせている。そのうちに，偶然ではあるがおもちゃを縦方向に少し回す（調節）ことによって柵の間を通すことができ，赤ちゃんはおもちゃを手に入れた。このとき，赤ちゃんは，そのまま引き寄せてうまくいかないときには，引き寄せる方向を変えてみればよいということを学ぶのである。

　さらに，児童が新しい知識を取り入れていく様子についても同じことが言える。「四つ足で歩く動物が哺乳類である」というシェマをもっている子どもが，「足のないクジラも哺乳類に分類される」ことを学んだとしよう。それまで自分がもっていたシェマでクジラという動物を理解しようとしても（同化）うま

■キーワード■　ピアジェ→p.191　シェマ　同化　調節

くいかず，そこに認知的葛藤が起こる。そこで，彼は図鑑等を調べることによって，「哺乳類とは，脊椎動物，肺呼吸を行う，胎生等の特徴を満たすものである」という知識を得て（調節），他のさまざまな動物に対しても，哺乳類であるか否かという正しい判断が下せるようになっていくのである。

したがって，思考の発達は，単に知識の量が増えたり計算が速くできるようになるというような変化ではなく，物の見方，考え方，直面する問題への対処方法などの構造的な変化であるといえる。

ヒトの思考は，生まれてから14, 15歳までに，5段階の質的な変化を見せる。それらを順に見ながら，それぞれの段階に必要な教育的働きかけを行ううえでの配慮について考えてみよう。

1） 感覚運動的段階（0歳〜2歳）

原始反射　新生児には，表2-2に示すような原始反射が生まれつき備わっている。そのほとんどは，生き延びていくために必要なものとして，あらかじめプログラムされていると考えられている。

たとえば，口唇探索反射によって母親の乳首を見つけ，吸啜（きゅうてつ）反射によってオッパイを飲むことができる。また，把握反射やモロー反射により，親に守ってもらうべく，親のからだにしがみつくことができるのである。

循環反応　生後2, 3ヵ月の赤ちゃんは，自分の手をじっと見つめていることがよくある。この動作は「ハンドリガード」と呼ばれ，手足の動きが活発になり，ギュッと握ったこぶしが赤ちゃんの視界を横切るようになると始まる。指を動かしては，それを見て楽しみ，さらに動かそうとするのである。

指しゃぶりも，赤ちゃんにとっては知的な探索行動の1つである。最初は，活発にこぶしを動かすうちに，偶然それが口に触れ，吸うことによって始まる。口に入れるのは，こぶし全体から2, 3本になり，最終的には親指1本が残ることが多い。しだいに細かく動くようになる指の運動を，この時期に敏感な感覚が集中している口や唇で確かめているのである。

生後4ヵ月ごろからは，吊りおもちゃのヒモを引っ張ると音が鳴るというよ

■キーワード■　新生児→p.187　原始反射→p.190　口唇探索反射　吸啜反射
把握反射　モロー反射　循環反応→p.187　ハンドリガード

うに，自分の行動がなんらかの変化を引き起こすという因果関係がわかるようになる。

7～8ヵ月以降になると，手を伸ばしただけでは届かないところにある物を，近くにある何か長い物を使って引き寄せるというように，目的を果たすために手段を用いることができる。

このように，心地よい結果をもたらした行動を繰り返し，同じ結果を再現して楽しむことを，ピアジェは「循環反応」と呼んでいる。

2）前操作的段階（2歳～7, 8歳）

象徴的思考段階　生後8ヵ月ごろからは，目の前に存在しない物や動作について考えること，すなわち「表象」ができるようになる。

表2-2　原始反射のいろいろ

名称	内容	動き
口唇探索反射	頬や口唇に物が触れるとそちらを向く—生後3～4ヵ月ごろまで	吸啜反射
吸啜反射	口唇に物が触れると吸う—生後3～4ヵ月ごろまで	モロー反射
モロー反射	急な落下や大きな音に対し，頭をそらし手足を内側に回転させる—生後4ヵ月まで	把握反射
把握（ダーウィン）反射	手のひらに物が触れると握る。足にも見られる—生後3～4ヵ月ごろまで	
初期（自動・原始）歩行反射	わきの下を支えて立たせ，ゆっくり前方へ押すと両足を交互に動かす—生後2～3週間ごろまで	初期歩行反射

■キーワード■　象徴的思考段階　表象

コラム4：おかあさんになったアイ—進化の隣人チンパンジー—

　オランウータンやチンパンジーは，ヒトと同じ祖先から進化した大型類人猿であるが，オランウータンとヒトとで進化の道筋が分かれたのは1,200万年くらい前であり，ゴリラとは800万年くらい前，そしてチンパンジーとは500万年くらい前である。生命が誕生したのが35億年前であることを考えると，チンパンジーとヒトはつい最近まで同じ進化の道を歩いていた仲間であり，ヒトにとってチンパンジーは「進化の隣人」と呼べる生き物なのである。

　アイは，ことばや数を覚えたとして有名な，27歳になるメスのチンパンジーである。1歳の時に，愛知県犬山市にある京都大学霊長類研究所にやってきた。そのアイが，2000（平成12）年4月にオスの子ども（アユムと名づけられた）を産み，母親になった。アイが，これまでに習い覚えたことをどのように子どもの世代に伝えていくのかを調べるために，人工授精により子どもを授けたのであった。

　飼育下で育ったチンパンジーの場合，オスが性的不能になっていたり，メスが育児拒否をするなど，野生のチンパンジーでは当然できることができなくなっていることが多々見られるという。このようなことが起こらないようにと，アイは，妊娠中に野生チンパンジーの育児をVTRで見たり，ぬいぐるみで抱っこの練習をしたり，生きたサルの赤ちゃんをヒトが抱く様子を見るなどの学習を行った。しかし，アイは出産後，アユムを上下逆さまに抱いていることが多かったり，最初の授乳も出生後ほぼ丸1日後であったりと，不安なスタートであった。

　それにもかかわらず，アユムはアイにしがみつき，乳首を口で探し吸うという行動を，誰から教わるわけでもなく行うことができた。すなわち，チンパンジーの赤ちゃんにもヒトの赤ちゃんと同様に，生まれながらにしてそのような行動をとる能力が備わっているのである。そして，アユムからアイへの働きかけが，アイの授乳という育児行動を引き出していった点もヒトと共通している。

　また，アユムは生後毎日のように，アイの学習の様子を繰り返し見ることによって，いつの間にか，アイと同じ課題ができるようになっていた。これもヒトと同様に，いわゆる社会的学習（第3章参照）を行う能力が備わっているといえる。

　さらに，アイの育ての親である同研究所の松沢（2001）は，「言葉を話せず多動であるアイとのコミュニケーションやアイへの教育がうまくいかないとすれば，それはアイではなく，どこかにあるはずの工夫の余地を探すことができない自分が悪いと考えるのが，唯一生産的な方法である」と述べている。これは，特殊教育の可能性を考える上で，非常に示唆に富んだ重みのある指摘であるといえよう。

これによって，子どもは延滞模倣も可能になる。これは，誰かの動作を見た後，かなり時間が経ってからでもその動作を思い出してまねできるというようなことである。子どものままごと遊びを観察していると大変面白いのは，その子の家の様子が再現されることが多いからである。

また，実物とは異なるものを用いて，実物を表現することを「象徴機能」というが，これも遊びの中でよく見られる。たとえば，ままごと遊びで，枝を箸に，葉っぱをお皿に見立てて遊ぶことができるのである。

幼児期にこのようなごっこ遊びが盛んになるのは，イメージの記憶量が急速に増加するからなのである。

直観的思考段階　この時期の子どもは，他人は自分とは全く別の存在であるということがはっきりとは意識されていない。また，ものの見方や考え方は人それぞれなのだということが，わかっていない。したがって，他人との関係においても，自分の視点や体験をもとにしてしか，ものごとを見たり考えたりできない。ピアジェは，これを自己中心性と呼び，この時期の大きな特徴であるとした。これはもちろん，大人の利己主義とは異なる。

次に，ピアジェが行ったこの自己中心性に関する実験を挙げてみよう。

3つの山を三角形の配置に並べた立体模型を用意する（図2-5）。この模

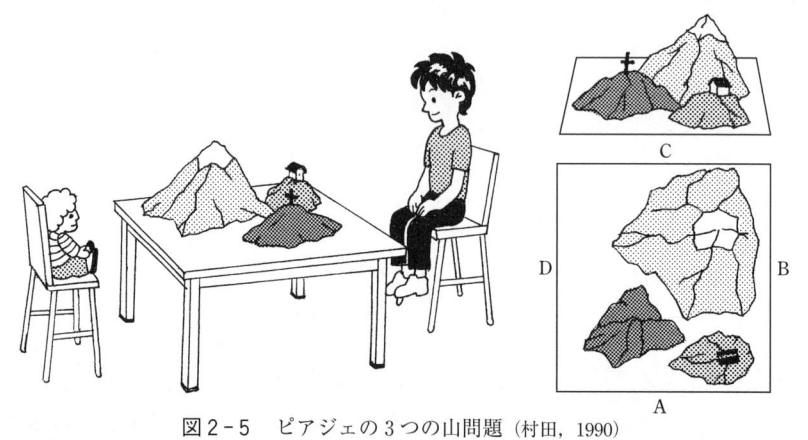

図2-5　ピアジェの3つの山問題（村田，1990）

■キーワード■　延滞模倣　象徴機能

型はかなり大きく，模型を置いたテーブルのまわりを歩かなくては全体を見ることはできない。子どもをAの位置に座らせ，反対側のCの位置に人形を置く。その後，この模型を4つの側面それぞれから見た場合の絵を見せて，今人形が見ている景色を選ぶように指示する。すると，直観的思考段階にある子どもは，何度尋ねても，今自分が見ている景色の絵を選んでしまうのである。

足が折れてしまった愛用のイスをかわいそうだと思うように，すべてものは生きていて意識や感情をもっているとする「アニミズム」もこの「自己中心性」から生じた幼児独特の世界観である。

思考も，見た目（直観）によって大きく影響を受けてしまい，その背後にある本質まで考えが及ばず，論理的思考ができない。それをわかりやすく示す例は，保存の概念がまだ獲得されていない子どもの様子の記録である。保存の概念の獲得の様子を調べるため，ピアジェが量，長さ，面積などに関して行った一連の実験で用いられた課題は，ピアジェ課題と呼ばれている。

それらの課題のうち「量」については，目立つ変化に目を奪われて，同じであるかそうでないかを誤ってしまうことを示している。たとえば，形と大きさの同じ2つの容器の一方（A）に水を入れ，他方（A′）に同量の水を入れる。ここで，両方の水の量は同じであることを確認させる。次に，A′の水を違った形の容器Bに入れ替え，子どもに水の量が変わったか，同じかを尋ねてみる。そのとき，BがAよりも高く，しかも細い容器の場合（つまり水面は高くなる），水の量はBの方が多いと答えてしまう（図2‐6）。

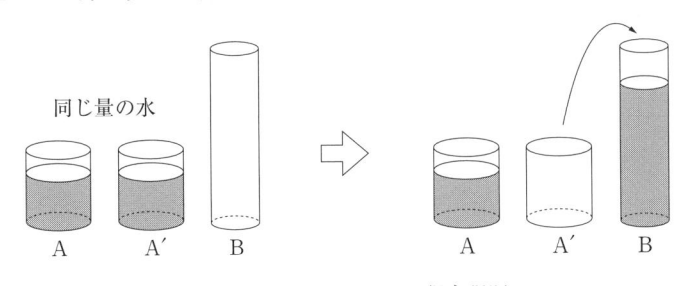

図2‐6 ピアジェの量の保存課題

■キーワード■　アニミズム　自己中心性　保存の概念　ピアジェ課題

3) 具体的操作段階（7，8歳～11，12歳）

具体的な物や場面の助けがあれば，直観に左右されずにものごとを把握できるようになる段階をさす。

この段階では，可逆的思考（一度元へ戻して考える）や相補的思考（ある面が変わっても，他の面がそれを補うような変化をしていないか考える）を用いて，見かけの変化による混乱を補正することができるようになる。すなわち，見た目は変わっても，足したり引いたりしていなければ量は変わらないという保存の概念が成立しているのである。

また，物の概念には階層構造があることや，部分と全体の関係を理解することが可能になる。たとえば，「ニワトリ」も「アヒル」も「鳥」という上位概念に含まれ，さらに鳥は動物という概念の下位概念であることを理解する。「リンゴが3つとミカンが4つあります。くだものは全部でいくつですか？」というような問題にも，迷わず答えることができるようになるのである。

4) 形式的操作段階（11，12歳以降）

具体的な物や場面の助けがなくても，文字や記号だけで抽象的に思考できるようになるのは，小学校高学年ごろからである。

子どもに次のような実験をやってみると，思考が具体的操作段階にとどまっているのか，形式的操作段階に進んでいるのかが判定できる。無色，無臭，透明の液体の入っている4つの同じ大きさの瓶(1)(2)(3)(4)と，同様の液体の入った小さい瓶(g)を用意する（図2-7）。そして，子どもの前に2個のビーカーを置き，1つには(1)+(3)を，もう片方には(2)を入れる。さらに，各々のビーカーに(g)の液を加えると，一方は黄色になるが，もう片方は透明のままである。その後，子どもたちに空のビーカーを渡し，(1)(2)(3)(4)(g)の液体を自由に使って，黄色い液体を作ってみるように言う。実は，黄色を出すための組み合わせは，(1)+(3)+(g)だけである。液体(2)は，単なる水であるから反応には何の影響も及ぼさず，(4)は色を消す働きをする。

具体的操作段階にとどまっている子どもは，(1)(2)(3)(4)の液体にそれぞれ(g)

■キーワード■　可逆的思考　相補的思考

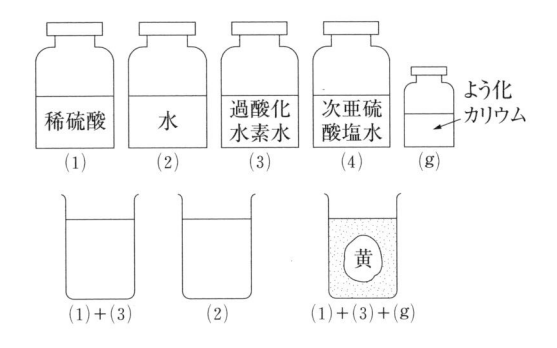

図2-7 形式的操作の実験例（藤永，1973）

を数滴落とすだけか，あるいは全部の液体をでたらめに混ぜ合わせるだけで，系統立てて実験しようとはしない。しかし，形式的操作の段階に進んだ子どもは，(g)と混ぜ合わせる液体が1種類の場合（(1)(2)(3)(4)），2種類の場合（(1)(2)，(1)(3)，(1)(4)，(2)(3)，(2)(4)，(3)(4)），3種類の場合（(1)(2)(3)，(1)(2)(4)，(2)(3)(4)），4種類の場合（(1)(2)(3)(4)）というように，可能なかぎりの組み合わせをまず考え，1つひとつ試していきながらダメな組み合わせを排除していき，正解を導き出すことができる。このような方法は，いわば，科学的思考の基礎をなしているといえる。

4. ことばの発達と教育

(1) 乳児とのコミュニケーション

赤ちゃんは，できるなら泣かせない方がいいのではないかと思うかもしれない。しかし，実は，赤ちゃんにとって「泣く」ことは，立派なコミュニケーションの手段になっているのである。「そろそろオッパイの時間かな？」「さっきミルクいっぱい飲んだからウンチかな？」「エアコンをつけないと暑いかな？」「ねむたいのに眠れないのかな？」などなど。まわりの大人が，赤ちゃんの泣

き声や表情の違い，生活リズムを手がかりにしながら，赤ちゃんの不快の原因を察知して取り除いてやることの積み重ねで，乳児期の発達課題である基本的信頼感ができてくるのである。

ローレンツも指摘しているように，赤ちゃんは，突き出た額，ふっくらした頬（ほお）などをもち，見るからに愛くるしく，守ってやらなければというこちらの感情を刺激する。これは，ヒトに限らず，他の動物の赤ちゃんにも共通していえることである。さらに，赤ちゃんの微笑も，周囲の人から優しいことばかけや笑顔といった社会的刺激を引き出す働きをもっている。

また，母親は自分の子どもに対して，高い声で，抑揚やリズムのはっきりしたことばかけを多くする。こういった特徴のある語りかけを，マザリーズと呼んでいる。マザリーズは，声を出したり，手足を動かしたりといった赤ちゃんの反応を引き出しやすく，母親はそれを見て，また赤ちゃんの動作に合わせて声をかけるというように，母子がぴったり同調するようになっていく。コンドンはこれを相互同調活動と呼んだ。

（2）ことばの発達

喃語（なんご） 言語できちんとコミュニケーションができるためには，日本語の場合，五十音をはっきりと発音できる必要がある。その1つひとつの音を，正確に，しかも次々と連続して出すためには舌の位置，唇の形，呼吸の調整などの複雑な動きをうまく組み合わせて行える必要がある。実は，その練習は，話しことばが使えるようになるずっと前から始まっているのである。

生後2ヵ月ごろに，「アーウー」という，母音を長く引き延ばすように喉（のど）を鳴らす喉音（こうおん）（クーイング）がみられる。7ヵ月ぐらいになると，次第に「バババ」というような舌や唇を使った喃語（バブリング）も出てくる。この喃語は，初語が現れる12ヵ月ごろから急速に減退していく。喃語自体は，生まれつき備わっており，言語や文化の違いを超えた普遍的な現象である。

「あ」という日本語の音韻を意識しないで発せられる乳児の「アーアー」は，

■キーワード■　基本的信頼感→p.185　微笑→p.191　マザリーズ　相互同調活動　喉音（クーイング）　喃語（バブリング）

微妙に五十音の「あ」とは違う。一方，母親がそれに対して言い返す「アーアー」は五十音の「あ」である。このように，子どもが発したことばを母親が模倣する時に，母国語の音韻に近づけられて発せられる。そして，さらに母国語化された母親の音声を乳児が聞いて，それを子どもが模倣するのである。このような音声による母親との相互作用は，子どもの言語発達にとって，とても重要なものである。このことは，聴覚障害児の喃語が，生後6ヵ月を過ぎると急速に衰えていくことからもわかる。

指さし　　生後11ヵ月ごろになると，ハイハイも達者になり，つかまり立ちもできるようになって，行動範囲や視野が広がり，身の回りの人や物にさまざまな関心を示すようになる。たとえば，高いところに置いてあるクマのぬいぐるみが欲しいとき，あるいは大きなイヌを見つけたとき，赤ちゃんはそちらの方を指さして「アッアッ」と声を出す。自分の欲求を伝えたい，自分の驚きや喜びを誰かと分かち合いたいという意図的なコミュニケーションの始まりである。

これは，子どもと，母親をはじめとする身近な他者との間に物が入り，それを介してのコミュニケーションが行われるところから，「子ども―物―他者」の三項関係とも呼ばれ，子どもと他者との会話をより活発にする。また，身のまわりの物すべてには名前があることの理解を促進するものでもある。

初　語　　子どもが発した音声を，親が初めて意味のある発声として感じ取ったものであり，通常，生後10ヵ月ないし11ヵ月ごろが出現の標準とされている。発語の形は一語文であり，その音声形式も母国語の差異にかかわらず普遍的であって，大部分は子音（p, b, m, n, t）のいずれかを含む子音＋母音の反復型である。そして，「パパ」や「マンマ」のように，子どもにとって親しみ深いものであることが多い。図2-8に示すように，「パパ」という一語文でも，その場の状況・身振り・表情・声の調子などのバリエーションによって，いろいろなメッセージを伝えることが可能になることがわかる。

電文体発語　　1歳半から2歳にかけて，初めて生じる多語文（二語以上か

■キーワード■　指さし　三項関係→p.186　初語　一語文　電文体発語　多語文

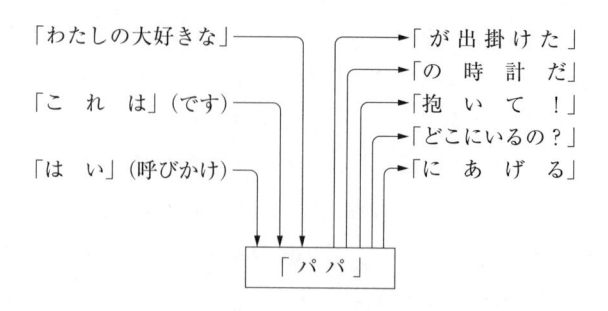

```
「わたしの大好きな」───┐    ┌→「が出掛けた」
                      │    │→「の 時 計 だ」
「こ れ は」(です)───┤    ├→「抱 い て！」
                      │    │→「どこにいるの？」
「は い」(呼びかけ)───┤    ├→「に あ げ る」
                      ↓↓↓↓
                     ┌─────┐
                     │「パパ」│
                     └─────┘
```

図2-8 「一語文」が表現するもの (藤永, 1973)

ら構成される文) では，しばしば助詞や動詞などが省かれる。たとえば「ママ，クック」は，「ママの靴」あるいは「ママ，靴を履かせて」などを意味する。一語文と同様，それに伴う状況などの助けを借りないと，意味を確定することはできない。

　また，文法の誤りは，あまり神経質に訂正する必要はなく，「そうね，クツを履きましょうね」というように，さらりと言い換えてやればよい。これを日常生活の中で繰り返していくことで，十分，国語の文法を身につけていくことはできるのである。

　文字の習得　　一般に，文字を習得することによって，書きことばを理解するようになると考えられている。そこで，就学前の幼児に対して，いかに文字を教え込むかが，書きことばへの入門の鍵ととらえがちである。しかし，文字の習得は，実は，幼いころから周囲の大人が絵本を読み聞かせてやることから始まっているのである。読み聞かせの場面で，子どもたちが大好きな親や保育者の口から発せされることばは，話しことばではなく，書きことばである。こういった書きことばとの楽しい出会いこそ，文字習得への最も好ましいスタートであるといえるだろう。

（3） 思考とことば

　言語行為は，その機能と構造の特徴から，大きく2つに分かれる。
　1つは，他者とのコミュニケーションを目的としたもので，声や文字で表現され，外言（外的言語行為），あるいは個人間（社会的）言語行為と呼ばれる。
　もう1つは，自分の行動を調整するために行うもので，音声化されずに頭の中で行われるので，内言（内的言語行為），あるいは個人内言語行為と呼ばれる。
　大人は「何をしなくてはならないか」とか「どのようにやるか」など，頭の中でいろいろなことを考え，自分の行動を決定していく。
　しかし，幼児はことばを口に出しながら考える。幼児は絵を描きながら「すっごく大きいんだよな」などとひとり言を言うことが多い。
　ヴィゴツキーは，幼児期のひとり言を内言の原型であると考えた。内言は5～6歳ごろからしだいに形成され，論理的思考を可能にする言語の中心的機能である。

■キーワード■　外言　内言

コラム5：ピアノの練習

　保育者養成のカリキュラムでは，たいていピアノの演奏技術の習得が必修になっており，ピアノ初心者の学生にとって悩みの種になっていることが多い。

　ピアノに拒否反応を起こすのは学生ばかりではない。実は筆者も小学生時代にピアノを習っていて，ピアノの練習が大嫌いだった。そもそもは，自分からせがんで習い始めたものだった。最初は少しずつ上達するのが嬉しく練習も熱心だったが，あるレベルに達すると，練習の成果が出ない時期が現れる。何回やってもつまずくから，弾いていて楽しくないし，その先にもっと難しい音符が延々と連なっているのを見るとますますピアノの前から足が遠のく。結局レッスン前日になんとかしようと集中練習するのだが成果は現れず，先生からは練習不足をなじられ，ますますやる気をなくす。そうかといって，高価なピアノまで買ってもらい，今さら「やめたい」とは言い出せず，ただただレッスンの日を憂鬱に迎えるしかなかった。

　さて，上記のような状態を心理学的に見ると，まず，最初は「ピアノがひけるようになりたい」という「内発的動機づけ」で始めたピアノの学習だった。練習すればするほど上手になる「上昇期」を経て，やがて練習が成果に現れなくなる「高原現象（プラトー）」を迎える。練習しても上手にならない時期というのは「スランプ」とも呼ばれ，たいていの運動技能学習で見られる現象であり，スランプの時期はやる気が低下しやすく，精神的に非常に苦しい時期である。この時期に今までの自分自身の練習方法を見直し，効果的な学習方法を身につけると，再び上昇期に転じて，いずれは熟達期を迎えることができる（右図参照）。

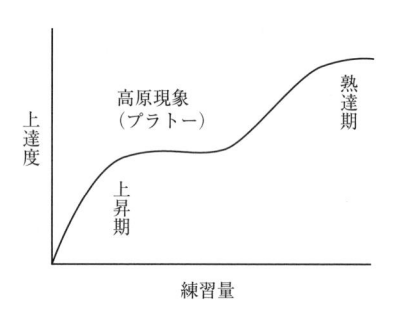

練習曲線（学習曲線）の例

　ところが，プラトーの段階で，筆者が行った「集中練習」は一般的にピアノのような「知覚-運動学習」には適切な方法ではない。疲労や心的飽和（飽き）が蓄積されて，練習効果が落ちるため，同じ時間練習するなら，何回かに分ける「分散練習」の方がずっと効果的である。つまり，レッスンの前日に2時間練習するよりも，毎日20分ずつ6日間練習した方が上達したはずである。スランプを迎えたときが，さらに上達できるか，やる気を失っていくかの境目となる。

第3章
学習のしくみ

　本章では，生物が新たな行動や知識をどのように獲得していくかについて，それらのメカニズムを解明する学習心理学の視点からみていく。私たちは，日々新しいことを学習し，記憶していく。当たり前のように自然に行われている学習と記憶という現象には，実は複雑で巧妙なメカニズムが働いている。本章では，乳幼児の教育にかかわるようなさまざまな学習，記憶について学ぶ。

1. 乳幼児と学習

（1） 人間にとっての学習の意義

　生物の行動には，大きく分けると，生まれつきプログラムされている生得的行動と生まれた後に身につけていく獲得的行動がある。種によって生活する環境が決まっており，限定的な環境にすむ生物の場合，生まれつきプログラムされている本能や反射などの行動に従って生きていくことが適応的である。磯辺にすむイソギンチャクのことを考えてみよう。イソギンチャクは生活できるのは磯辺だと制限されており，砂漠や都会の真ん中で生活することを想定する必要はない。触手に触れたものをつかむなどの，生まれつき備わった反射や本能に基づく生得的行動によって生きていくことができ，そうした方が効率的な生き方ができる。

　それと比較して，人間の場合を考えてみよう。人間の場合，どのような環境で生活していくのか，可能性の範囲が広い。日本で生活するのか，それともアメリカで生活するのかいろいろな可能性があり，たとえばどのような言語を獲得しなければならないのかは，生まれる前にはわからない。したがって，できるだけ反射や本能などの生得的行動に頼らずに，白紙に近い状態で生まれ，成長しながら多くのことを学習した方が環境に適応する上で有利である。逆に言えば，人間はさまざまなことを学習しなければ，適応的に生きていくことが難しい存在である。

（2） 乳幼児にとっての学習の意義

　こう考えると，人間は生後実にさまざまな行動を獲得していく必要がある。こうした過程を心理学では「学習」という。学習は，「経験により比較的永続

■キーワード■　生得的行動　獲得的行動　学習

的な行動の変化が起こること」と定義される。つまり，自然な経験や教育，訓練などの意図的に与えられた経験により，一時的でなく長期にわたり行動が変化することをさす。一般に，「学習」と言うと「勉強」のこと，特に国語や算数などの「教科学習」のイメージがあるかもしれないが，心理学ではすべての行動を含める。つまり，スプーンや箸が使えるようになる，身振りで意志を伝えるようになる，道路に飛び出さなくなる，物の名前を憶える，友だちとおしゃべりを楽しむようになる，複雑なテレビゲームができるようになる，などの行動の変化も「学習」に含まれる。

　人間の学習は，ある意味では一生続く営みである。ある程度，年齢が上がり発達しないと学習できないようなものもある。しかし，幼い時期に必要なことが学べない劣悪な環境の中で生活した子どもは，その後にさまざまな問題を残す場合があるということが示しているように，乳幼児期の学習は重要な意味をもっている。多くの学習は，その前に学習された基本的な行動，知識などを基に組み立てられており，そうした基礎がないことは，成長するにつれて求められる複雑な学習において不利である。また，乳幼児期に新たなことを獲得する楽しみや達成感を感じておくことは，学童期にさまざまな学習をする上で有利に働く。

　本章で扱う「学習」や「記憶」というテーマは，心理学において，長い歴史をもち，数多くの研究がある。学習についての基礎理論を知っておくことは，教育に関係する人間にとって重要である。また，なんらかの理由で学習につまずきをもつ子どもを支援する際にも，本章で学ぶことは役立つであろう。

　繰り返しになるが，学習，すなわち学ぶことにより新たな知識や技能を身につけることは，子どもにとってきわめて重要なことであると同時に，楽しさを伴うことである。本章でさまざまな学習について心理学的に理解し，子どものよりよい学びを促す視点を広げていってほしい。

■キーワード■　記憶

2. さまざまな学習

（1） 条件づけによって学ぶ

1） 古典的条件づけ

　うめぼしを口の中に入れると，唾液が出てくる。この状況で唾液が出てくるという反応は，経験がなくても無条件に生じる反応のため「無条件反応（レスポンデント）」と呼ばれる。そして，唾液が出てくるという無条件反応を引き起こす「うめぼしを口に入れる」という刺激を「無条件刺激」と呼ぶ。しかし，この章を読んでいるあなたがすでにそうかもしれないが，実際にうめぼしを食べなくても，中には「うめぼし」ということばを聞くだけで唾液が出てくる人もいるであろう。この現象は，どのようにして生じるのであろうか。

　「うめぼしということばを聞く」という刺激は，もともと無条件に唾液が出るという反応を引き起こす刺激ではない。「うめぼし」ということばを知らない幼い子どもや外国の人の例を考えると理解できると思われる。したがって，「うめぼし」ということばは，もともとは唾液が出ることと無関係のため「中性刺激」と呼ばれる。

　ところが，幼い子どもや外国の人が，「これは『うめぼし』だよ」と言われ，うめぼしを食べるとすっぱくて唾液が出たという経験をする。そうすると「うめぼし」ということばを聞く（中性刺激）だけで，唾液が出てくるという反応（無条件反応）が引き起こされるようになる。このように，もともと中性刺激であったものが無条件反応を引き起こすようになる過程を「古典的条件づけ」あるいは「レスポンデント条件づけ」と呼ぶ。

　古典的条件づけを実証した有名な研究として，パヴロフの実験が挙げられる（図3‐1）。ソビエトの生理学者パヴロフは，イヌを使い唾液の分泌の研究をしているうちに，餌の食器の音や実験者の足音を聞くだけでイヌが唾液を出す

■キーワード■　古典的条件づけ　無条件反応　無条件刺激　中性刺激
パヴロフ→p.190

コラム6：実験神経症と異常固着

　動物を対象とした学習実験から，人間のこころの問題の発生メカニズムについて示唆が得られることもある。パヴロフの研究所では，イヌを用いて視覚的刺激を弁別する（見分ける）実験をしていた。正しく視覚刺激を見分けることができないと，罰として電気ショックが流されるしくみになっていた。刺激の類似度が高くなり，似た刺激になると，イヌは弁別するのが非常に難しくなる。その結果，電気ショックを受けることが多くなってくるとさまざまな混乱状態が起こってくる。吠えたり，かみついたり，落ち着かない状態が続くようになり，さらに本来ならできるほどの難易度の弁別課題も間違うようになる。パヴロフは，人間の神経症に類似した症状であることから，この状態を実験神経症と名づけた。

　ラシュレイは，ネズミを使った視覚的弁別の実験で，ラシュレイの跳躍台と呼ばれる装置を開発した。正しい図形を選択し，そちらの板に跳べば板が倒れて餌を得ることができ（強化），間違った図形を選択すると板にぶつかり転落することになる（罰）。思考を繰り返すうちに，ネズミは正しく図形を弁別できるようになる。いったんこのような学習が成立した後，実験者は正しい弁別をしても餌が得られず，板にぶつかり転落するようにする。ネズミは，しばらくの間は学習した法則に従い，正しい図形の方を選択して跳び続ける。しかし，やがて混乱し，何度板にぶつかっても同じ方向に跳び続けたり，ぜんぜん違うところに跳ぶなどのでたらめな行動をし始める。これらの行動を異常固執と言う（木村，1985）。

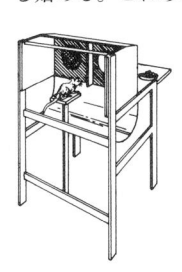

ラシュレイの跳躍台

　求められることが能力を超えており，正解を見つけることができない状況で罰を与えられ続ける，あるいは報酬と罰を与えられる基準がでたらめな状況では，混乱したり，でたらめなことをしてしまう。これは人間にも当てはまることだと思われる。子どもの発達段階や能力を超えた課題を与え，間違えると罰を与え続ける。あるいは一貫しないしつけで，ほめられたりしかられたりする基準がわかりにくい。こういった状況では，子どもは混乱し，落ち着かなくなったり，攻撃的になったり，無気力になってしまう。実験神経症や異常固執の現象は，教育にかかわる大人に対して警鐘をならしている。

　自分のしつけの基準が一貫しているか，子どもがまだできないことに対して無理やり繰り返し挑戦させていないかなど，子どもの問題行動を考える際に自らの子どもへのかかわり方と要求していることを省みる必要がある。

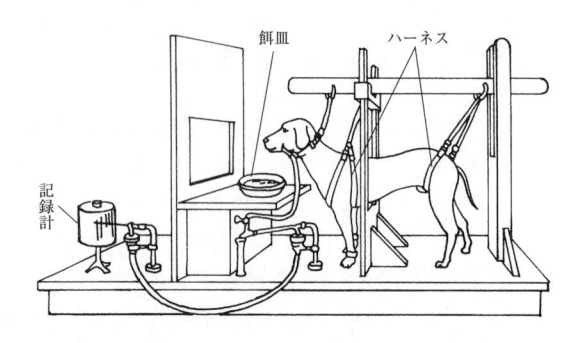

図3-1　古典的条件づけの実験装置

ことに気づいた。そして，次のような実験を行った。

まず，イヌに音叉の音を聞かせる（中性刺激）。イヌは，初め「なんだろう」と音に注意を向ける反応（定位反応）を示すが，唾液を出すという反応はしない。音叉の音を繰り返すと，やがて注意を向けることもしなくなる。一方，イヌに食べ物（無条件刺激）を与えれば，当然唾液の分泌が起こるが，これは生理的反応に過ぎない（無条件反応）。次に，音叉を鳴らして数秒後に食べ物を与えるという手続き（対提示）を繰り返す。その後で，今度は音叉の音を聞かせるということだけを行うと，イヌは食べ物を与えられなくても唾液を出すという反応を示し始める。

つまり，本来は中性刺激であった音叉の音が食べ物との対提示を繰り返すことにより唾液の分泌という反応を引き起こすようになり，古典的条件づけが成立したのである。ちなみに条件づけ成立後は，音叉の音は中性刺激から「条件刺激」となり，音叉の音によって引き起こされる唾液分泌は「条件反応」と呼ばれる（木村，1985）。

日常的な古典的条件づけを考えた場合，反応として唾液分泌の他に「恐怖」「不快」などの感情が挙げられる。

恐怖条件づけの例として，図3-2のような実験がある。本来は中性刺激であった白い毛をもつものが，不快で恐怖を引き起こす大きな音と同時に示され

■キーワード■　条件刺激　条件反応　恐怖条件づけ→p.185

第3章 学習のしくみ　55

1. 条件づけ以前には，子どもはウサギに対して積極的に行動する。

2. 子どもが白ネズミを見ているときに大きな音を鳴らすと，その後は白ネズミを恐れて回避するようになる。

3. 白ネズミだけではなく，ウサギからも遠ざかろうとする。

4. 恐怖反応は，白いもの，毛のあるものに広く般化する。

図3-2　恐怖条件づけと般化の例（Watson & Rayner, 1920；片山, 1991）

ることにより，恐怖を引き起こす条件刺激に変化している。また，この例は恐怖を引き起こす刺激が，白ネズミからそれと類似した他のものに広がることを示している（恐怖条件づけの般化）。このことは，PTSD（心的外傷後ストレス障害）などの，非常にショックなことを経験したために不安・恐怖症状が現れる問題のメカニズムと関係している。本来は恐怖を引き起こすものではないトラウマとなったできごとを連想させるような音，臭い，状況，人などにより恐怖反応が引き起こされてしまうため，そうした刺激を避け，生活が限定されてしまう。親から虐待を受けた子どもが，他者への恐怖心や不信感を一般化させてしまうことも，恐怖条件づけとその般化の例と言えよう。

■キーワード■　PTSD→p.191　般化

古典的条件づけによって形成された「条件刺激」と「条件反応」（パヴロフの実験の例では「音叉の音」と「唾液分泌」）は学習されたものであり，その結びつきを消していくことも可能である。パヴロフの実験でも，いったん音だけで唾液が出てくるような条件づけが成立してから，音は鳴らし続けるがその後に食物を与えないという手続きを繰り返すと，やがてイヌはもとのように音を聞いただけでは唾液を分泌しないという状態に戻る。こうした手続きを「消去」という。この方法は，恐怖症の治療においても応用されることがある。

2） オペラント条件づけ

幼い子どもは，驚くほどのスピードで，いろいろなことができるようになる。まだことばが発達していない子どもでも，指さしで要求を伝えようとしたり，家に帰るときには身振りで「バイバイ」を示したりする。また，徐々に衣服の着脱や食事なども自分でできるようになり，パズルや合体するロボットのおもちゃなど，大人でも難しそうな作業をやれるようにもなる。ことばで物の名前を言ったり，自分の気持ちを伝えるようになる。友だちの輪に加わるときは「入れて」と言ったり，相手に悪いことをしたときは「ごめんね」と言うようにもなる。

このような，身振りで何かを表現する，音声で何かを表現する，物の操作を行うといった行動は，さまざまな知的な技能や運動の技能から成り立っている。中には，複雑な行動を組み合わせて行われているものもある。こうした行動の連続が，私たち人間の毎日の生活を成り立たせている。また，こうした行動は，古典的条件づけにおける無条件反応のような生理的，生得的反応ではなく，状況に応じた自発的行動が獲得されていったものである。では，このような行動はどうやって学習されていくのであろうか。

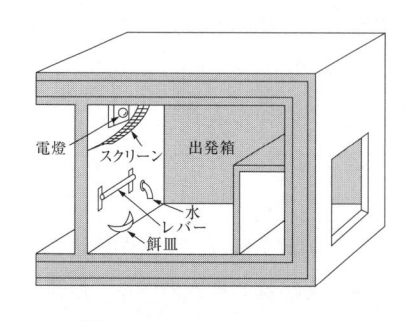

図3-3　スキナーボックス

■キーワード■　　消去

アメリカの心理学者スキナーは，ネズミなどを使ってこのような行動の学習についての研究を行った。図3-3にスキナーが開発したスキナーボックスが示されている。箱の中にはレバーがつけられており，ネズミがそのレバーを押すと，餌皿に食べ物が出てくるしくみになっている。

ネズミは最初，箱の中でさまざまな行動を自分からやってみるであろう。匂いを嗅いでまわったり，壁によじ登ろうとしたりなどの無数の自発的行動を行うであろう。このような環境に働きかける自発的な行動は，「オペラント行動」と呼ばれる。やがて，ネズミは偶然にレバーを押すという行動をとる。そうすると，餌皿に食べ物が出てくる。ネズミはそれを食べる。最初，ネズミは「レバーを押す」という行動が，「餌が出てくる」という結果を引き起こしたと気づかないであろう。しかし，レバーを押すと餌が出てくるということが続くと，やがてネズミは頻繁にレバーを押すようになる。レバーを押すという行動の頻度を増やした餌は「強化子」と呼ばれ，餌によってレバー押しの頻度を高める手続き全体を「強化」と呼ぶ。このように強化によって，特定の自発的行動の頻度が増大することを「オペラント条件づけ（道具的条件づけ）」という。

オペラント条件づけの1つとして，試行錯誤による学習がある。アメリカのソーンダイクは，ひもを引いたりペダルを踏むとドアが開き，外に出られるしくみの何種類かの問題箱を作成した。そして，空腹のネコを用いて，ドアの開くしくみをどのように学習していくかを研究した。

最初ネコは，壁をひっかいたり，かじったりして出ようとするが，偶然にドアの開く仕掛けにつながっているひもを引く，ペダルを踏むなどをして脱出に成功し，外に出て餌を食べることができる。これを何回か繰り返すと，脱出につながる行動だけが的確に行われるようになり，短時間で脱出ができるようになる（弓野・菱谷，1985）。このように，偶然の成功から無効な行動が排除され，有効な行動だけが残っていく過程を「試行錯誤学習」と呼ぶ。このような試行錯誤学習の成立を説明する法則が，「効果の法則」と呼ばれる。

人間の行動の学習を考えてみても，オペラント条件づけや試行錯誤学習のメ

■キーワード■　スキナー→p.188　スキナーボックス　オペラント行動　強化子
強化　オペラント条件づけ　ソーンダイク　試行錯誤学習　効果の法則→p.186

カニズムが関係している。たとえば,「バイバイ」と手を振る行動を考えてみよう。最初は親に促されて,あるいは偶然別れ際になんとなく手を振る行動をしたときに,まわりの人が「そうそう,すごいすごい」と喜び,頭をなでてあげたり,ほめたりするであろう。このようなことが繰り返されると,「ほめられる」という強化子によって手を振る行動が強化され,やがて別れるときに的確に手をふり「バイバイ」ができるようになる。

　動物の実験では,強化子として食べ物が使われることが多いが,人間の実生活を考えた場合は,多様な強化子が使われる。「バイバイ」の例でみたように,特に年齢が高くなるにつれて,人間の場合は,「ほめる」「認める」などの社会的強化が使われることが多い。

　また,ある行動をするとその後に不快な罰を与えるようにすると,その行動は徐々に減っていく。罰は,動物実験の場合は電気ショックなどが使われるが,人間の場合は大きな声でしかる,なんらかのペナルティを課す(罰当番など)が考えられる。

　ただし,何が強化子として,あるいは罰として働くかは,人や状況によって違う場合もあるので気をつけなければならない。たとえば,すぐに見つかるような悪いことを繰り返し行い,何度しかっても悪いことをやめない子どもがいる。しかる方としては,悪い行動を減少させようとして,「しかる」ということが罰として機能するという前提でしかっているのであり,多くの子どもについてはこの方法は有効である。しかし,なんらかの理由でその子どもがしかる人が自分に関心をもって,かかわってくれることを求めている場合,「無視されるよりはしかられる方がうれしい」と考えているかもしれない。その場合は,「しかる」という行為が,罰ではなく強化子として働いている可能性がある。そうであれば,悪いことをする頻度は減少するどころか,しかればしかるほど増加することすらある。座っていなければならない場面でわざとその場から走り出し,大人が追いかけてくれることを期待している子どもの行動なども同様なメカニズムが働いていると考えられる。

■キーワード■　社会的強化→p.187

（2）洞察学習

　人間のさまざまな行動は先に述べた試行錯誤学習によって獲得されることも当然あるが，じっくり考えることにより試行錯誤を経ずに獲得されることもある。ドイツの心理学者ケーラーは，チンパンジーの観察や実験を通して，このようなタイプの学習について研究した。チンパンジーが直接届かない高さに餌をぶら下げる。部屋の中には，棒と木箱を置いておく。棒を持って手を伸ばしてみてもまだ届かない。その結果，それほどの試行錯誤を経ずに，複数の木箱を積み上げたり，木箱に上り棒を持った手を伸ばすことにより，餌を手に入れることができた（図3-4）。

図3-4　チンパンジーの問題解決
（ケーラー，宮訳，1962）

　これは，場面全体を見通し，餌を手に入れるという目的と棒を使うという方法との関係を見出すことができたために，飛躍的に一気に問題解決に至ったと考えられる。このような学習を「洞察学習」と呼ぶ。人間が複雑な学習，問題解決ができるのは，必ずしも試行錯誤学習に頼らずに，洞察による学習ができるからであると考えられる。私たちが新しい街の地形や場所を学習するときも，試行錯誤によって何度も何度も間違いながらでないと憶えないのではなく，比較的効率よく学習していく。この場合は，認知地図の形成が影響していると言われている。

（3）社会的学習

　これまで述べてきたように，人間は生まれつき備わっている行動パターンに

■キーワード■　ケーラー→p.185　洞察学習→p.189　認知地図→p.190

頼らずに，経験によって学習した行動によって生活していく存在である。もちろん，自分自身が実際に行い，その結果から学習したことによって行動を獲得することも多いが，人間の優れた点は自分自身が経験していないことであっても，他者の経験を見たり聞いたりすること，すなわち代理経験によっても学習できることである。代理経験など，他者や集団，マスメディアなどの社会的影響によって，思考，感情，行動が影響を受けることによる学習を「社会的学習」という。

　私たちが誰かに学習させる際にも，意図的に社会的学習を用いていることが多い。幼い子どもに動作やことばを教えるときも，「まねしてごらん」と言って，手本を示すという方法を頻繁に使う。また，大人の方が意図的に社会的学習を促さなくても，自然に子どもの方が社会的学習を用いて新たな行動を獲得することもよくある。お母さんやお父さんのしぐさや口調を観察し，ままごと遊びの中や家の外などで同じ行動をする子どもも多い。また，社会的学習は子どもどうしの間でも成立する。友だちやきょうだいなどの行動を観察し，自然に身につけることも多い。社会的学習の場合は，学習する子ども自体は強化されなくても，見本（モデル）となる対象が強化されていることを観察することにより，学習が成立する。見本を見て成立する学習を「観察学習」ともいう。

　たとえば，目の前で二人の友だちがけんかをはじめる。けんかがおさまった後，一方の友だちがもう一方の友だちに対して，「ごめんね。さっきの痛かった？」といって頭をなでて謝ったとする。謝られた方の子どもが，「うん。いいよ」といって仲直りが成立したとする。それを見ていた子どもは，「こうすれば許してもらえて，仲直りできるんだ」と気づき，謝り方の行動が学習されることもある。

　社会的学習によって行動が獲得されることは，このように良いことも多いが，良くないことも考えられる。議論の的となっているのが，攻撃行動の社会的学習である。身近な家族や友だちの中に，攻撃的でありその結果得をすることが多い人がいた場合，攻撃行動が学習される可能性がある。さらに危険性が指摘

■キーワード■　社会的学習→p.187　観察学習→p.184　攻撃行動→p.186

されていることとして，メディアを通じた攻撃行動の社会的学習がある。社会的学習は，実生活のモデルを観察することでも生じるが，テレビ，ビデオ，テレビゲームなどのメディアを通じても成立する。攻撃的なビデオを見た子どもが，自らも攻撃的になる傾向を示した実験もあり，暴力的な番組やテレビゲームが子どもに与える影響については，さまざまな危惧があり，注意を要することである。

3. 記　　憶

(1) 記憶とは

　私たちは，以前に経験したことを覚えておいて，しばらく時間がたってもそれを思い出すことができ，それを利用することができる。このような，「憶える」「憶えておく」「思い出す」といったプロセスを「記憶」と呼ぶ。考えてみれば，人間のほとんどの活動は記憶によって成立していると言っても過言ではない。朝起きてから，顔を洗う，歯を磨く，「おはよう」と言う，友だちと昨日のテレビの話をする，保育所で新しいことばを憶える，家に帰ってお母さんに保育所で今日あったことの話をする，今年のお正月におじいちゃんの家に行って楽しかった思い出を話すなど，すべての行動に記憶が関係している。記憶障害（健忘症）の問題を抱えた人が，いかに不自由で，不安に満ちた生活を強いられるかを想像すると，記憶が私たちの生活で重要な役割を果たしているかがわかるであろう。
　すでに「憶える」「憶えておく」「思い出す」プロセスが記憶であると表現したが，心理学の専門用語を使うと「符号化」「貯蔵」「検索」によって記憶は成り立っている。「符号化」とは，受け取った刺激を憶えておきやすいように変換する過程である。「貯蔵」は憶えたものを保持する過程である。「検索」は貯蔵されている情報から求めているものを探し出す過程である。これらの過程は，

■キーワード■　記憶　記憶障害　健忘症→p.186　符号化　貯蔵　検索

たとえば，試験に向けて必死で暗記をしている時などはかなり意識的に行うこともあるが，多くの場合は意識しないで自動的に行われている。

（2） 記憶のメカニズム

記憶のプロセスをさらに細かく説明したものとして有名なのが，二重貯蔵モデルといわれるものである。これは，「感覚登録器」―「短期貯蔵庫」―「長期貯蔵庫」という構造を仮定し，記憶のプロセスを説明しようとするモデルである（図3-5）。

```
                感覚登録器      短期貯蔵庫              長期貯蔵庫
情
報  →  感覚記憶  →  短期記憶              長期記憶
入                              ←
力
```

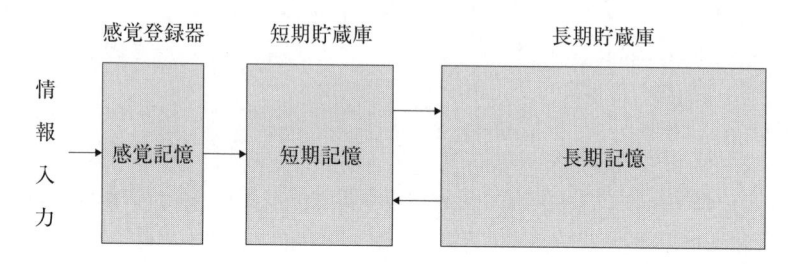

図3-5　記憶の二重貯蔵モデル

「感覚登録器」は，入力された情報をそのままの形で「感覚記憶」としてごく短い時間だけ保持しておく過程である。たとえば，視覚的情報であれば見たものすべてをそのままの形で，聴覚刺激であれば聞いたものすべてをそのままの形で，0.5秒とか数秒とかだけ保持しておく。

「短期貯蔵庫」は，感覚登録器に入力された情報の中で重要であるとして注意が向けられたものを「短期記憶」として，一定時間保持しておく過程である。短期貯蔵庫に送られてくる刺激は，感覚登録機から来るものと長期貯蔵庫から来るものがある。短期貯蔵庫は容量に制限があり（成人で7±2個ぐらい），保持時間も15～30秒程度といわれる。ただし，憶えることを口に出して，あるいは心の中で繰り返し言い続けるという「リハーサル」という方法をとれば，もっと長い時間，短期貯蔵庫に保持することができるとされている。また，リ

■キーワード■　二重貯蔵モデル　感覚記憶　短期記憶　リハーサル

ハーサルを行うことにより，長期貯蔵庫へ送られることもある。たくさんの項目を記憶する際に，系列位置効果という現象が報告されているが，これもリハーサルと長期記憶への転送との関係を示していると考えられている。

その他，視覚的情報をことばに置き換える，聴覚的情報をイメージに置き換える，すでに知っているものと関連させることにより，短期貯蔵庫内にある情報が長期貯蔵庫へ送られることもある。このように，貯蔵しやすい形に情報を変換する符号化は短期貯蔵庫で行われている。なお，視覚的な短期記憶は，言語的な短期記憶よりも保持しておくのが難しいと言われるが，その例外として「直観像」という現象が知られている。

「長期貯蔵庫」は，「長期記憶」と言われる永続的な記憶の貯蔵庫で，容量は非常に大きく（無制限とも考えられている），永続的に保持されると考えられている。長期記憶には，ことばで説明できる「宣言的記憶」と，自転車の乗り方のようなことばでは説明しにくい「手続記憶」とに分類される。さらに，宣言的記憶は「ネズミは動物だ」のような一般的知識である「意味記憶」と，「夏休みにおじさんの家に行ってスイカを食べた」といったような個人の経験したエピソードについての「エピソード記憶」に分けられる。

（3）記憶の発達

子どもが成長するにつれ，記憶の何が発達するのであろうか。先に述べた二重貯蔵モデルに従って考えてみる。まず，感覚登録器の容量は，子どもであっても大人であっても変わらないと考えられている。短期貯蔵庫の容量は，成人に近づくに従い増加すると考えられている。たとえば，無意味な数字を読み聞かせ（「5－9－2－1」など），直後に聞かせた数字を言わせる。正しく言えた最大の個数が短期記憶の容量を反映しているとされる。この結果，大まかには4，5歳で4，6～8歳で5，9～12歳で6，大学生で8個程度と言われている（斎賀，1984）。

また，短期貯蔵庫から長期貯蔵庫へ情報を送るために重要となってくる符号

■キーワード■　系列位置効果→p.185　直観像→p.189　長期記憶　宣言的記憶
手続記憶　意味記憶　エピソード記憶

化は，年齢が上がるにつれてより効果的になってくると言われている。絵を記憶する場合でも，年齢が上がるにつれて視覚的に記憶するだけでなく，言語的に置き換えて記憶するという方法を頻繁に使うようになる。繰り返し口に出したり，頭の中で言ったりすることにより憶えようとするリハーサルも，年齢が上がるにつれて自然に用いるようになる。その他，すでに獲得している知識と連想させて憶えるなどの方法も，年齢が上がるにつれて用いることが多くなる。つまり，より長期貯蔵庫へ情報を送る方法がうまくなってくると言えるであろう。こうした工夫を巧妙にしたものが，記憶術である。

　あなたが憶えている最も古い思い出は何であろうか。多くの人が，3歳より前のできごとを思い出すことができないという現象が報告されており，これは「幼児期健忘」と呼ばれる。なぜ思い出せないかと考えた場合，単純には「そんな古いことは忘れてしまう」という原因が考えられる。しかし，23歳の人が3歳のことを思い出すことと，33歳の人が13歳のことを思い出すことは，20年経っているという年月から言えば同じである。しかし，33歳の人は13歳のころのことを数多く思い出せるのに対して，23歳の人は3歳の時のことを思い出すことがきわめて難しい。

　幼児期健忘の原因としてさまざまな説があるが，3歳以前では経験したことを筋道を追ってとらえ，符号化し長期貯蔵庫へ送る枠組みが整っていないという説がある。成長すると，経験したできごとのありがちなパターン，珍しかったことなどについての知識構造があらかじめできているため，効率よくできごとを符号化，保持することができる。3歳以前ではこのような知識構造が十分にないため，できごとが整理されて記憶されにくいのではないかというのがこの説の考え方である。

　また，符号化のやり方が成長してからとは異なるため，長期貯蔵庫へ保持されているのだが検索ができなくなっているという説もある。つまり，本当は経験が保持されているのだが，思い出せないだけだという説である。3歳以前の体験は感覚的に符号化，貯蔵されており，成長すると言語的に符号化，貯蔵さ

■キーワード■　記憶術→p.184　幼児期健忘

れることが多い。感覚的に貯蔵されている経験を言語的に検索（思い出そう）としても，検索に失敗し思い出せない可能性が指摘されている。いずれにしろ，発達するに伴って記憶の仕方がよりうまくなるということと関連している現象だと考えられている。

（4）作業記憶

先に述べた二重貯蔵モデルにおける短期記憶は，近年になって人間の複雑な知的活動で重要な役割を果たしていることがわかってきた。ものごとの関係を類推したり，行動を計画したり，自分の行動を見つめて修正するなどの複雑な知的活動を行うためには，情報を一時的に維持しておく頭の中の「作業空間」が必要である。こうしたことから，複雑な知的活動を行うために情報を一時的に保持している記憶を「作業記憶（ワーキングメモリー）」と呼ぶ。近年では，短期記憶に代わって作業記憶という用語が使われることも多くなっている。

とらえた情報に対して直感的に即時的に反応するのではなく，一時的に情報を保持し吟味して反応するための作業記憶は，人間が進化の過程で身につけた貴重なしくみである。また，個人の発達を考えた場合でも，作業記憶の発達はより複雑な知的活動を可能にさせる重要な役割を担っている。

作業記憶は，「音声ループ」「視空間スケッチ・パッド」「中央制御部」からできている（図3－6）。「音声ループ」は音声の状態で言語的情報を一時的に維持し，処理する役割をもっている。「視空間スケッチ・パッド」は，

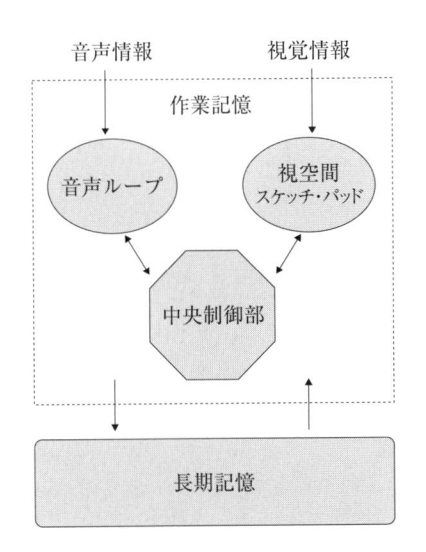

図3－6　作業記憶の概略図
（三宅，1995；ウーシャ，2003をもとに作成）

■キーワード■　作業記憶

目で見た情報，空間的な情報を一時的に維持し，処理する役割をもっている。「音声ループ」「視空間スケッチ・パッド」ともに，私たちがいろいろと考えるときに，「頭のすみにちょっと憶えておいて」といったことを自然にしていることをイメージしてもらえれば理解できるであろう。

　「中央制御部」は，自分自身の知的活動を監視，計画，評価し，複雑な思考を必要とされる認知活動の中心的な役割を果たす司令塔である。中央制御部のこうした働きは，「実行機能」と言われる。中央制御部は「音声ループ」「視空間スケッチ・パッド」の働きを調整したり，長期貯蔵庫から必要な情報を検索し，そのような方法で得られた情報（外から入ってきた新たな情報と，長期記憶から検索した情報）を使い，適切な反応を生み出す役割をもっている。

　たとえば，スリーヒントのなぞなぞクイズに答えることを考えてみよう。まずは3つのヒントを一時的に憶えておかなければならない。そして，長期記憶の中から関連しそうな情報を検索し，ヒントの条件に合うものを探していく。ちょうど必要な材料や道具を集めてきたり，引き出しの中から出して机という作業空間に広げ，そこで何かの作業を行うように，作業記憶があることにより，人間は複雑な知的作業が可能になる。頭の中だけで空間の配分を考える部屋や机の中の片づけ，時間配分や作業手順を計画する必要がある活動にも作業記憶が深く関係している。

　作業記憶の発達には，前頭皮質という脳の部位の成熟が関連しているといわれている。前頭皮質は脳の中でも完成するのが遅い部位であると考えられており，幼い子どもでは作業記憶の働きは十分でない。その他，前頭皮質を損傷した大人も作業記憶を必要とする課題に失敗することもある。さらに，学習障害（LD），注意欠陥多動性障害（ADHD）や自閉性障害と作業記憶（実行機能）との関連も指摘されている。

　記憶というと，物の名前を憶えていたり，昔のエピソードを覚えていたりなどの長期記憶がイメージされることも多いが，ここで見てきたような作業記憶も，人間の思考において重要な役割を果たしていると言えよう。

■キーワード■　実行機能　学習障害→p.184　注意欠陥多動性障害→p.189
自閉性障害

コラム7：脳の科学と学習の多様性

　脳の機能と学習とが密接に関係していることは古くからわかっていたことであるが，近年の研究の進歩や測定機器の高性能化により，さらに詳しい関係が明らかになっている。一例として，学習を「認識」「方略」「感情」に分けて脳の部位との関係を示しているモデルがある（Rose & Meyer, 2002）。

　「認識ネットワーク」は，物事が「何」であるのかを特定する学習に関係する。「あれは机である」とか「あれは数字の5である」などの学習，記憶と関連する。認識ネットワークは脳の部位では側頭葉などと関係が深いと考えられている。

　「方略ネットワーク」は，物事を「いかに」進めるかのやり方の学習に関係する。計算のやり方，部屋の片づけ方，料理の作り方など，自分の活動の監視，計画などの司令塔的な役割を担う活動である（本章で触れた実行機能）。方略ネットワークは脳の部位では前頭皮質と関係が深いと考えられている。

　「感情ネットワーク」は，自分や他者の感情の理解や制御の学習に関係する。好き，嫌いの評価，表情などから相手の感情を推測する，自分の感情を適度に調整するなどの学習と関係する。感情ネットワークは脳の部位では大脳辺縁系と関係が深いと考えられている。

　子どもが友だちに誕生日カードを書くという活動を考えてみよう。誕生日カードが何であるのかがわかるという認識ネットワーク，カードを書くためにはどのようにすればよいかという方略ネットワーク，仲良くしている友だちを祝いたいという気持ちをもつという感情ネットワークが複雑に関連して，このような活動が成立する。

　脳の特定の部位が損傷されると，3つのネットワークにアンバランスが生じる。また，学習障害，注意欠陥多動性障害，自閉性障害の場合も，特定のネットワークに問題が生じることがある。

　教育活動は，これらの3つのネットワークが発達する支援をするという考え方もできる。認識力が高く，いろいろなやり方を身につけ，感性豊かな心を育てる。こうした目標にあった多様な教育活動を展開していくことが重要であると思われる。

　たとえば，人間関係も行動面でも問題がみられないが，文字の読みだけが苦手な子ども。読み書きや人の感情の理解は問題がないが，落ち着きがなく，時間内に物事を終わらせることができない子ども。勉強はすごく得意だが，人の気持ちを理解することが苦手な子ども。このように，特定のネットワークだけに問題あると推定される子どももいる。

4. 学習が成立する環境

（1） 学習を促進する環境

　すでに述べたように，人間は多くのことを学びながら環境に適応していく存在であり，どのような環境を与えることが子どもの学習を促進するかについては関心が高い。

　まず，「応答的な環境」であることが重要である。子どもはさまざまな自発的な行動をするが，オペラント条件づけのところで見てきたように，どのような行動が学習されるかは，子どもの行動に対して環境がどのような応答をするかが重要である。せっかく必要な行動を子どもが自発的に行っても，まわりの環境（大人など）が無反応であれば，その行動は消えてしまう。また，第4章の動機づけとも関係するが，基本的に応答的でない環境で生活すると，子どもは自発的な行動をあまり行わなくなってしまう危険性がある。そうすると，新たな行動を学習する機会が減ってしまう。適切な行動を学習する意味でも，積極的に学習しようという態度を身につける意味でも，子どもの行動に対してまわりの人間が反応し，適切な行動を強化するような環境は重要である。

　また，人間が不安や恐怖を感じている場合，優先順位としてそうした問題を回避したり，改善しようとする試みの方に精神的なエネルギーが使われる。したがって，子どもが不安や恐怖を感じることが少ない環境を与えることによって，新しいことを学んでいくための準備状態が整うと言えよう。

　社会的学習理論から考えると，適切なモデルが存在する環境が，学習を促進する環境である。適切な行動をして，しかもそれが報われるようなモデルがいる環境で生活することにより，それらの行動が観察を通して学習される。反対に，反社会的行動をする人物がいる環境で生活すると，そのような不適切な行動が獲得される危険性がある。

■キーワード■　応答的な環境→p.184

洞察学習や作業記憶の観点から考えると，複雑な問題解決を学習するためには，表面的な特徴だけをとらえて即時的に反応するのではなく，衝動性を抑えて，じっくりと考えることが許される環境も重要である。特に年齢が上がるにつれて，すぐに解答が出ない問題解決の時に，ヒントを出しながらも自分自身で考える習慣をつけさせることが重要である。

（2）学習と教育

　意図的に必要なことを学習させようとする営みである教育は，学習と密接な関係をもつ。学習者の特徴や発達段階を考慮することなしに，優れた教育方法というのはあり得ないと言っても過言でない。「実験神経症」のように，学習者の能力に合わない学習を強いることは，効果がないだけでなく，時に有害でさえある。

　たとえば，外国語を学習する際に，ある人には文法中心の教え方の方が効果的であり，ある人には会話中心の教え方の方が効果的なことがある。教えたことの結果が，教えられた人の能力や特徴（適性）からだけでも，教え方（処遇）からだけでも説明されず，適性と処遇の組み合わせによって説明されることを「適性処遇交互作用」と呼ぶ。コンピュータを使ったプログラム学習などが注目される一方で，やはり人と人がコミュニケーションをとりながらの教育も昔ながらに重要視されている。「個に合わせた教育」ということばがよく聞かれるように，教育にかかわる者は，個人の特徴を把握すること，個人の特徴に応じたさまざまな教育法をもっていることが大切である。

　子どもに新たなことを学習させようとするとき，どのぐらい難しいことにチャレンジさせるかを考えるのは，悩みの種である。現時点で楽々できることをし続けても前進は望めないし，子どもの方も飽きてくる。だからといって，全く歯が立たないような難しいことにチャレンジしても，学習されないし，失敗経験によって動機づけが低下することさえもある。第2章でも説明したが，ヴィゴツキーは，発達を2つの水準でとらえる考え方を提唱した。1つは，現時

■キーワード■　実験神経症→p.187　適性処遇交互作用　プログラム学習→p.191

点で子どもが自力で達成できる水準であり、もう1つは他者からの援助があれば達成できる水準である。ヴィゴツキーは、この2つの水準のずれの範囲を「発達の最近接領域」（図3-7）と呼んだ。教育は、この発達の最近接領域を意識して行わなければならない。つまり、援助があればできるが自力ではできない課題に取り組ませ、自力でできる水準にまで高めること、あるいは全くできない課題を援助があれば達成できる水準まで高めることなどを意図する必要がある。

　教育活動を行う際に、特に対象が子どもの場合、多感覚を使った方法が有効であることが多い。教材を視覚的に示しながら、ことばや音も使いながら、場合によっては身振りを交えて伝えた方が、子どもは学習しやすい。

　その理由としては、まず複数の方法で符号化された情報の方が、記憶されやすいことが挙げられる。絵を憶える際に、視覚的に記憶するだけでなく、併せて言語的にも憶えておく（「これは何の絵だ」「これは何の形に似ている」など）方が、多くのことを正確に記憶しやすいことが報告されている。もう1つの理由は、発達の差や個人差が多様な場合、個人によって学びやすい感覚の種類が異なる。目で見る視覚的な情報が理解しやすい子ども、耳で聞く聴覚的な情報が理解しやすい子ども、動作を伴った感覚―運動的な情報が理解しやすい子どもなど、さまざまな子どもがいる。もともと幼児教育の活動には、見る、聞く、からだを動かすという多感覚を使った学習が多く含まれており、こうした工夫がなされているといえよう。

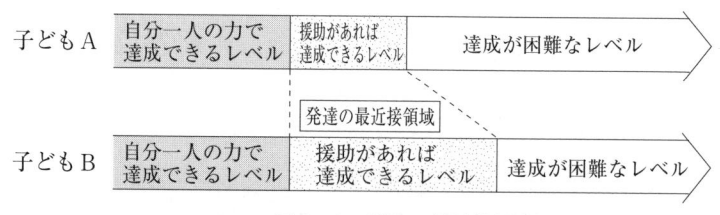

図3-7　発達の最近接領域

■キーワード■　発達の最近接領域

第4章
やる気を育てる

　今日の教育現場では、「やる気」や「意欲」といったことばがあふれている。しかし、「子どもたちのやる気を育てる」ことは予想以上に難しい。それは、そもそも「やる気」とはいったいどのようなものなのかを特定することが難しいからではないだろうか。

　本章では、主に乳児期から幼児期までを視野に入れ、「やる気」がどのように芽生えていくのか、また、それらを育む条件について考えていくことにする。前半は、私たちが日ごろ何気なく使っている「やる気」ということばについて、心理学の専門用語という観点からの解釈を試みる。後半は、幼児教育・保育の現場でよく見られる日常例にも目を向け、「やる気」を育てるにはどういった働きかけをすればよいか、具体的に考察する。

1.「やる気」とは

(1)「やる気」「意欲」と「動機づけ」について

「今日の○○先生の講義，眠くてやる気でないね。それに比べて△△先生の講義はすごくやる気がでると思わない？」日ごろよくこのような会話をしてはいないだろうか。あるいは，実習や見学などで幼稚園・保育所に行き，子どもたちの姿——たとえば，横で友だちが騒いでいたとしても，それを気にもせず夢中になって積み木遊びをしている幼児や，ハイハイやつかまり立ちを何度失敗してもそれにチャレンジしようとする乳児など——を見て，「子どもたちって，何てやる気があるのだろう！」と感心したりしたことはないだろうか。

このような例が示すように，「やる気」ということばは，私たちの生活の中で，きわめて日常的に使われている。「やる気」と似たようなことばには「意欲」ということばもある。意欲についてはどちらかと言えば，やや硬い表現のときに使われているようであるが，「やる気」とほぼ同義であると言ってよい。

ところで，こうした「やる気」や「意欲」に対応するものとして，心理学の世界では「動機づけ」という専門用語を用いている。身近には，最近スポーツ選手がインタビュー中に「モチベーションを高めて……」といった表現をよく用いているが，このカタカナ書きの「モチベーション」が，まさに「動機づけ」のことを意味しているのである。

では，「やる気」や「意欲」と「動機づけ」の違いは，何なのであろうか。日常語と心理学の専門用語，その違いだけではない。ことばの使用範囲にも若干の違いがあるのである。すなわち，動機づけとは「広い範囲で何かを達成しようとする行動」に対して使う。たとえば，「おなかがすいたから学生食堂に行って，メニューの中からカレーを選んで食べた」とか，「講義中眠くなった

■キーワード■　動機づけ→p.189

から，教科書を盾にして睡眠をとる」といったようなことも含まれる。これに対して，「やる気」「意欲」は勉強や仕事といった，どちらかと言えば課題や目標を達成しようとする行動に対して使うことが多い。「勉強に対してやる気がでない」「仕事をする意欲」とは言うが，「カレーを食べようとする意欲」「講義中に居眠りする意欲がある」，または「最近カラオケに行くやる気がなくって……」とは言わないことで理解できるであろう。

しかしながら，本章においては，保育・幼児教育の現場では「動機づけ」や「モチベーション」よりも「やる気」「意欲」といったことばが一般的に用いられていること，また，よりわかりやすく理解するという観点から，以後は「やる気」ということばを主に用いて解説することにする。

（2） やる気についての伝統的な考え方

ここで，1つやる気についての質問をしてみたい。それは「人間という生き物は，不自由で不快な状態が生じたときにしか積極的に活動しない，いわゆる〈怠け者〉という存在なのだろうか？」ということである。

確かに私たちは，勉強や仕事を進んでするよりも，ダラダラしたり，眠ったりする方を好むことが多い。このような「人間を怠け者」としてとらえる考え方は，動機づけの理論的枠組みの中では「動因低減説」と呼ばれている。

こうした人間観は，「やる気」に対する考え方のみに限らず，教育に対する見方にまで影響を与えることになるが，残念ながら従来の教育界における伝統的な考え方では，このようなものが暗に信奉されていたように思われる。すなわち，怠け者である児童・生徒に仕事や勉強といった活動を「させる・やらせる」には，いわゆる「賞と罰（アメとムチ）」によって快や不快を与え，強制・管理をする必要がある，という考え方が長く占められていたのである。

しかしながら，この動因低減説に反証する実験例も数多くある。たとえば，カナダのマクギル大学で行われた「感覚遮断の実験」である。図4-1のとおり，被験者の眼には乳白色の覆い，耳には小さななり音のするイヤホーン，

■キーワード■　動因低減説→p.189　賞と罰　感覚遮断の実験

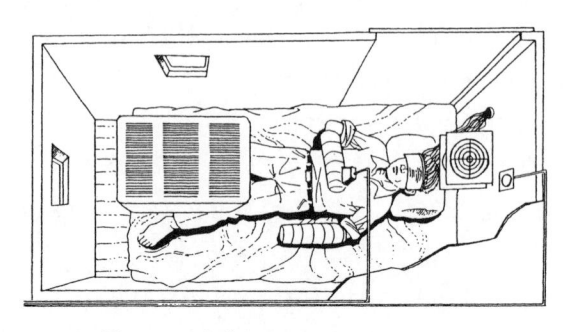

図4-1　感覚遮断の実験（Heron, 1961）

　手と腕には厚紙の筒がつけられ，できるだけ外部の感覚的な刺激が遮断されるようにしてある。こうした外からの刺激がまったく与えられない状況に，ただいるだけで高額の報酬がもらえるという実験である。学生たちのほとんどは喜んで参加し，実験開始後まもなく眠りに入った。しかし，眼を覚ますとしだいに落ち着きがなくなり，やがて幻覚や知覚障害に悩まされ，ついには実験を中止してしまったのである。このような事実から，人間は受動態で怠け者でなく，適度な水準の刺激を常に求める能動的な存在であることが認められている。
　私たちの日常例に当てはめてみることにしよう。これには地方から上京した学生が，長期休暇中に帰省しても，退屈してすぐに帰京してしまうといった事例が該当する。すなわち，故郷や田舎は良いといってもそれはごく数日で，より多くの刺激の中で生活すると，やはり刺激の多い都会が逆に恋しくなって帰って行ってしまうのである。
　また，サルを用いた「知的好奇心」を示す実験例もある。図4-2のように一定の順序で止め金をはずしていかなければ，解くことのできないパズルをサルに与えたところ，特別な

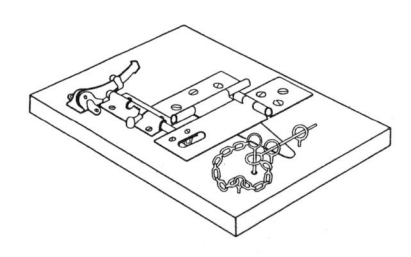

図4-2　サルが取り組んだパズル（Harlow, 1950）

■キーワード■　知的好奇心→p.188

報酬がなくても，解けるようになるまで何度も何度も繰り返し取り組んだという。

何の報酬も与えられないのに，知的な課題に果敢にチャレンジするサルの姿は私たち人間の姿とも重なり合う。保育の現場で子どもたちを見てみよう。片時もじっとしていない子どもたちは，言い換えれば非常に積極的で活動的な存在であると言えるし，また，保育者や大人に難しい質問をしてくる子どもたちも，知的好奇心に満ちあふれた存在であることを証明しているのである。

こうした事実が示していることは，人間は決して怠惰で受動的な存在ではないということである。むしろ，知的好奇心が豊かで積極的に外部からの知識を吸収しようという能動的な存在なのである。確かに，成長するにつれ，学校の教育現場では管理・監視体制が厳しくなり，またそれに伴う日々のストレスといったもので，やる気が阻害されているケースも少なくない。だからこそ，幼児教育・保育の現場では，子どもたちのやる気をどのようにしてたっぷりのまま育てていくかということが大切となるのである。

(3) 幼児教育・保育における「やる気」の位置づけ

平成元(1989)年に改訂された「幼稚園教育要領」，および翌年の平成2(1990)年に改訂された「保育所保育指針」には，それまでのものと比較して，子どもの発達観が大きく転換していると言われている。すなわち，以前の要領・指針ではそれぞれの年齢ごとに「望ましい経験や活動」が詳細に記されており，保育者の方から，望ましい活動や経験を与えて指導するという特徴があった。

これに対して，平成元年以降の要領・指針においては，子どもたちを「周囲の環境に対して，自分から能動的に働きかけようとする力をもっている」存在として位置づけている。まずは，子どもたちを受動的な存在から能動的な存在としてとらえる根本的な転換があったことは注目すべき点である。

また，現行の「幼稚園教育要領」には，第1章総則の1．幼稚園教育の基本に「(2) 幼児の自発的な活動としての遊びは，心身の調和のとれた発達の基礎

■キーワード■　幼稚園教育要領→p.*192*　保育所保育指針→p.*192*

を培う重要な学習であることを考慮して，遊びを通しての指導を中心として第2章に示すねらいが総合的に達成されるようにすること」と述べられている。幼稚園教育では，遊びを通して総合的に学ぶことが重視されている。

　遊びのもつ意味にはいろいろなものがあるが，本質的には，自由で自発的なものであるということであろう。そして，遊びは遊ぶこと自体が目的である。また，遊ぶことによって子どもたちは楽しさや喜びを味わい，さらに「今度はこんなふうにしてみよう」といった新たなやる気・意欲を併せもつものである。したがって，このような遊びによって本章で扱う「やる気」や，児童期以降の「自ら学ぶ意欲」といったものの基礎を培うことができると考えられているのである。

　しかしながら，時に保育者は，子どもたちに「やる気を起こさせよう」として，当たり前のように賞や報酬（ごほうび）を与えたり（あるいは与える約束をしたり），しかったり，競争を強いたりして「やらせて」はいないだろうか。自発性・自主性に満ちあふれ，子どもたちが「自分から進んでする」行動と「保育者から言われてする」行動は，確かに「ある行動をする」という現象面では同じではあるが，それこそその行動の「動機」や「理由」が明らかに異なっているのである。そこで，次節では「やる気」の種類とそのとらえ方について詳細に見ていくことにする。

2．いろいろなやる気―やる気のとらえ方―

（1）内からのやる気と外からのやる気

　ところで，この本の読者はいったいどういった「やる気」や「意欲」をもって，この教育心理学の講義を受けているのであろうか。

　ある人は，「子どもを理解するにあたって必要な学問だから，大切だから」という理由で受けているのかもしれないし，またある人は「親に就職に有利だ

■キーワード■　競争

から保育職の免許・資格ぐらい取っておけと言われたから」あるいは「別に興味はないが，単に必修だから取っているに過ぎない」のかもしれない。これに対してシラバスを見たり，第1回目の講義を受けて「これはおもしろそうな内容だ」ということで，進んで受けている人もいることであろう。

　こうした人々を，やる気（動機づけ）の「エネルギー」と「方向性」という観点から考えると，図4-3のように3つのタイプに分類することができる。やる気の「エネルギー」とは，やる気の量的な側面である。すなわち，何かをしようとする内的な力のことであり，これが枯渇してしまっていては自分からは何もしようとはしない。すなわち「別に興味もないし必要性も感じていないが単に必修だから取っている」といった人たちのことである。こうしたタイプの人々を「無気力」という。

```
                ┌─ 自発的な取り組み ──── 内からのやる気
                │   課題の遂行自体が目標      （内発的動機づけ）
── エネルギーがある ─┤
                │   外発的な取り組み ──── 外からのやる気
                └─ 課題の遂行は手段          （外発的動機づけ）

── エネルギーがない ──────────────── 無気力
```

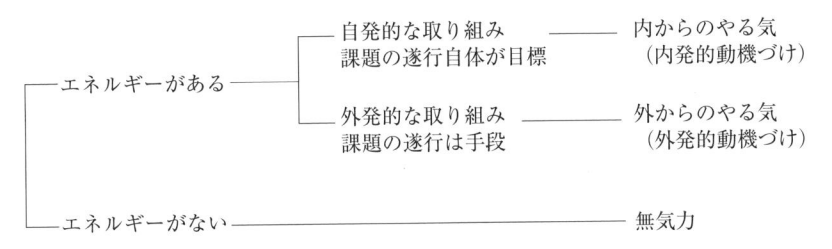

図4-3　やる気の分類

　では次に，やる気のエネルギーがあるタイプについて見てみる。これには大きく分けて次の2つのタイプが存在する。すなわち，①自ら興味をもって進んで積極的に取り組むタイプ（前述した「これはおもしろそうな内容だ」）と，②まわりからの圧力やプレッシャーによって仕方なく取り組むタイプ（前述した「親に就職に有利だから保育職の免許・資格ぐらい取っておけ」と言われたから）である。エネルギーはあっても方向性，すなわち自発的であるかそうではないかといった違いである。前者のように自ら取り組むタイプのやる気を「内からのやる気」，後者の方を「外からのやる気」と言う。専門用語では，そ

れぞれ「内発的動機づけ」「外発的動機づけ」と定義されている。

　これら2つのやる気は，当該活動が何を目標として行われているのか，という「目標性」の観点からも分けることができる。すなわち，学習などの課題・活動は，それをすること自体が目標であるのか，それとも課題以外のことが目標で，課題はそれを達成するための手段となっているのかという違いである。

　前述した「おもしろそうな内容だ」あるいは「子どもを理解するにあたって必要な学問だから，大切だから」といった気持ちで講義を受けている場合，それはその勉強をすること自体が目標となっている。これに対して「親に保育職の免許・資格ぐらい取っておけ」と言われて講義を受けている場合，講義を受け単位を取ることは，勉強することよりも資格を手に入れる，就職することの方が重要な目標になっている。この場合もそれぞれ「内からのやる気（内発的動機づけ）」「外からのやる気（外発的動機づけ）」と見なすことができるのである。特に後者の場合は，「資格を手に入れる」または「就職する」という「報酬・賞」のため，あるいは単位を落として「資格を手に入れられない」という「罰」を避けるために，学習していることも着目すべき点である。

（2）外からのやる気の問題点

　外からのやる気とは，まわりからの圧力やプレッシャーによって仕方なく取り組んだり，「賞と罰（アメとムチ）」に動かされてやる，やらされるということであることを学んだ。したがって，保育の現場でよく見かける，子どもたちが「先生にほめられたいから○○をする」「恐い△△先生にしかられるのは嫌だからから○○をする」といったことや，小学生以上になって「テストでいい点をとればお小遣いをもらえるから勉強する」といった類のものはすべて「外からのやる気」となる。親や保育者の立場から言えば，「賞と罰」によって子どもたちに何かを「やらせる」ということになる。自分自身の過去を振り返ってみても，家庭であろうと教育・保育の現場であろうと，こうした外からのやる気を意識した働きかけや活動が，実に多く行われていたことが容易に理解で

■キーワード■　　内発的動機づけ→p.190　外発的動機づけ→p.184

きるであろう。

　しかしながら、このような外からのやる気では、活動の目的が賞（ごほうび）をもらうため、または罰を避けるためということになっており、それに伴う問題点も多々ある。

　たとえば、子どもたちが「絵を描く」という活動を例にして考えてみよう。「賞と罰」による外からのやる気によって、絵を描くという課題自体はやらせることはできるかもしれない。しかし、その活動は単に「絵を描く」という行為だけにとどまり、創造性や生き生きとした表現などは欠けてしまいがちになりやすい。すなわち、絵を描かせても絵を描くという活動の内容を充実させることはできないのである。また、その後も賞や罰がなければ絵は描かれないであろう。まずは、こうした点が外からのやる気の問題点と言える。

　次の問題点は、活動を行っている際の情緒的な問題である。「やらされている」という時は、どうしてもシブシブやっている状態であることが多く、これは精神衛上良いものであるとはいえない。

　そして、もう1つの問題点は、保育者と子どもとの人間関係についてである。外からのやる気、すなわち賞と罰を多用することで、子どもたちがそれらに依存してしまい、自分からは行動しない「無気力人間」となったり、保育者から指示されることを求めがちな「指示待ち人間」となる恐れもある。また、賞をもらうために、あるいは罰を避けるために、子どもが保育者の前でいわゆる「良い子」を演じてしまい、自分をのびのびと表現できなくなる可能性もある。これらのことにより、保育者に対する情緒的な絆（きずな）や信頼関係が失われるかもしれない。

　以上のことから、幼児期の教育・保育場面においては「外からのやる気」でなく、特に自主性や主体性とも関連の深い「内からのやる気」を育む必要性があると考えられているのである。

3. 内からのやる気の発達

（1） 内からのやる気の誕生

　以前は，生まれたばかりの乳児は，とても無力で受動的な存在だといわれてきた。確かに，1歳くらいにならなければ独力で歩くことはできないし，養育者に頼らなければ，食事や衣服の着脱をすることもできない。

　しかしながら，乳児にも内からのやる気が存在するということを調べた実験がある。それは，頭を枕に押し付けると頭上にあるおもちゃ（モビール）が動くという装置を施したものである。すると，その装置の枕で寝ている乳児は，そうでない乳児よりも盛んに頭を枕に押し付けておもちゃを動かそうとしたというのである。そしてそのおもちゃが動くと，それを見て触れようとしたりうれしそうな顔をしたりと，活発な反応を示したという。

　このことから，幼い乳児でさえも自分がまわりの環境に働きかけて変化を及ぼすことができると，自分の有能さ（「やればできるんだ」「自分はすごいんだ」という自信）を感じてより積極的，自発的になれるということが理解できる。そして，これら一連の行動は，乳児にも内からのやる気が存在していることを意味している。すでに説明したように，人は決して無力で受け身の存在でなく，生まれながらにして自発的に周囲の環境を知ろうとする，知的好奇心に満ちた能動的な存在であることが改めて理解できたのではないだろうか。

　このような現象についてアメリカの心理学者ホワイト（1959）は，人がその環境と効果的に交渉しようとする能力を「コンピテンス（有能さ）」と名づけている。このコンピテンスは，単に自己の能力やそれを発揮することに伴う有能さの感覚（有能感）を意味するだけでなく，さらに環境と効果的にかかわって有能さを感じたい，という内からのやる気の気持ちを含んでいる。

　自分自身に対する有能感を感じることのできる子どもは，よりいっそう周囲

■キーワード■　コンピテンス

の環境にかかわってみたい，探索してみたいという気持ちにかられ，積極的になれるのである。こうした現象は，幼稚園や保育所に行き，子どもたちの姿を見れば一目瞭然である。彼らが非常にやる気に満ちあふれていると見えるのは，こうしたコンピテンスというものが存在しているからなのであろう。

（2） 内からのやる気の発達的変化

1） ハーターによる発達モデル

ハーター（1978）は，前述したコンピテンスという概念を発達的視点から整理し，図4-4に示すような発達モデルを提唱した（なお，ハーターは「コンピテンス動機づけ」という用語を使用しているが，これは内からのやる気と同義である）。ハーターの発達モデルは，特にまわりの大人が子どもに与える承認，激励，報酬といった社会的な強化に注目して作られている。

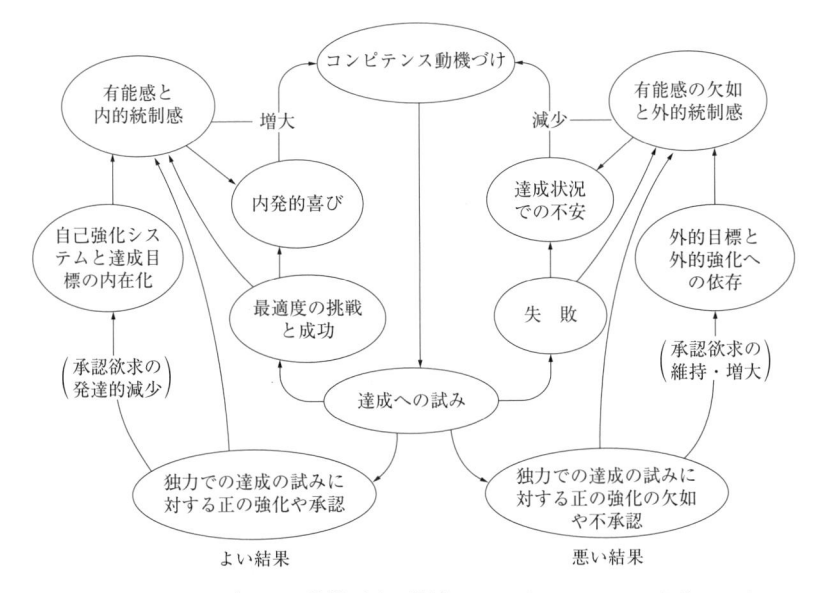

図4-4 コンピテンス動機づけの発達モデル（Harter, 1978；桜井, 1997）

■キーワード■　コンピテンス動機づけ

図4-4の左側半分が内からのやる気を高める過程であり，右側がそれらを低下させる過程である。さらに細かく見るとそれぞれ内側と外側の2つの流れがある。内側の流れは子どもたち自身に生じる経験を示しており，外側が親や教師・保育者といった大人からの影響を示している。

内側の流れでは，ある課題がその子どもにとって適度に挑戦的であり，しかもそれに成功するとその経験は喜びを生じさせる。これによって「自分はやればできるんだ！」といった有能感が高まり，「自分からやってみよう！」という内からのやる気も高まる。反対に，ある課題に失敗すれば不安が引き起こされ，有能感も低下し，内からのやる気も低下するという流れである。

他方，外側の流れ（左側）を簡単に見ると，子どもが独力で課題を成し遂げようとする態度を大人が認め，それまで与えてきた援助を徐々に減らしていくと，子どもの親や保育者にほめてもらいたい，または認めてもらいたいという承認欲求も徐々に減少していく。それにより，子どもは自分で自分をほめたりする自己強化のシステムが内在化し，結果的に自分のことは自分でしているんだという内的統制感（自己決定感）が増大する。有能感とこの内的統制感（自己決定感）の増大が，自発的に行動しようという内からのやる気を育成するのである。

2）内からのやる気の発達的変化

児童期以降の内からのやる気の個人差を，直接質問紙によって測定する研究も行われている。桜井・高野（1985）は内からのやる気の個人差を直接的に測定する質問紙を開発し，小学2年から中学1年生までの発達的傾向を調べた。その結果は図4-5に示されてい

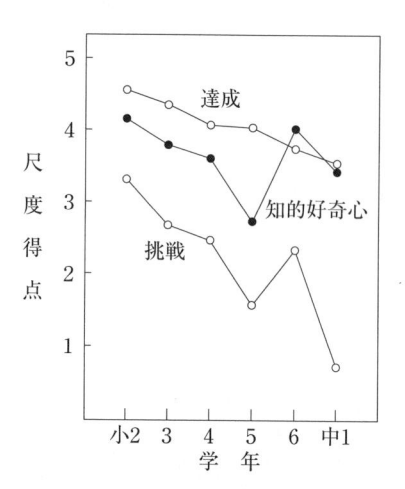

図4-5 内からのやる気に基づく行動の発達的変化（桜井・高野，1985）

■キーワード■　内的統制感

コラム8：自信の低い日本の子どもたち

「内からのやる気が発現・具現化されるプロセス」においては，その源として子どもたちが有能感，すなわち自分に対する自信をもっていることが重要であることが示された。では，いったいわが国の子どもたちは，自分に対してどの程度の自信を抱いているのであろうか。

ここに，国際比較調査による興味深いデータがある。ソウル，北京，ミルウォーキーなど6カ国の小学5年生を対象に，「スポーツのうまい子」「よく勉強のできる子」など7項目について自己評価をさせたものである。

自己評価（11歳・小学5年生）（ベネッセ教育研究所，1997）　　％

	東京		ソウル		北京		ミルウォーキー		オークランド		サンパウロ	
	とても	わりとても+とても	とても	わりとても+とても	とても	わりとても+とても	とても	わりとても+とても	とても	わりとても+とても	とても	わりとても+とても
スポーツのうまい子	17.7	48.9	30.2	73.1	24.6	72.6	53.4	88.2	40.2	79.2	45.6	69.0
よく勉強のできる子	8.4	33.7	8.6	51.7	14.0	77.3	43.5	92.2	27.6	82.8	37.4	67.7
友だちから人気のある子	9.8	41.4	11.2	41.2	31.6	83.4	35.4	81.5	28.9	80.2	32.0	65.5
正直な子	12.0	48.8	27.4	76.6	39.3	88.6	49.8	93.9	47.6	93.7	54.4	85.0
親切な子	12.3	49.9	26.4	73.7	41.0	86.9	59.1	95.4	46.6	94.8	50.6	83.0
よく働く子	14.3	48.5	31.7	77.2	39.8	86.0	67.1	96.2	38.3	90.2	48.5	78.0
勇気のある子	19.0	48.7	28.0	66.2	37.5	79.6	57.8	93.2	39.6	84.5	48.3	77.1

わが国の児童はほとんどすべての項目で最下位であり，いずれも50％を超えていない。きわめて自己評価が低く，全般的に自分に対して自信を持っていないという傾向の強いことが読み取れる。

この結果について，わが国の文化は自分を控えめに言うということが美徳とされており，そういった観点では「よく勉強のできる子」という項目については，割り引いて回答されたという可能性も考えられるであろう。しかしながら，「友だちから人気のある子」「正直な子」「親切な子」といった項目についても同じように自己評価が低いということは，やはりそういう文化的な背景だけでなく，自分に対しての自信が低いと言えるのではないだろうか。親や保育者は，子どもたちの自信・有能感を育むようにまずは心がけていきたいものである。

る。内からのやる気を具体的に示す「達成」「挑戦」といった行動傾向（本章5節参照）は，加齢とともに大きく減少していることが読み取れるであろう。

したがって，この結果を見る限り，内からのやる気は年少者の方がより高いことが理解できる。繰り返しになるが，幼稚園・保育所に行くと私たちはやる気に満ちた子どもたちの姿に驚かされるばかりである。乳幼児期のころはあれほど「やる気」に満ちあふれていたというのに，中学高校そしてそれ以上となるにつれ，「やる気」はガタガタと低下し，児童生徒の「無気力」が今もなお深刻な社会問題として取り上げられている。こうした現象については，この結果を見ればうなずけるはずである。

4. 内からのやる気をうばってしまう世界

（1）やる気の質的変化―アンダーマイニング効果―

既述したように，かつての教育の考え方としては動因低減説に基づき「賞と罰（アメとムチ）」が大切であると考えられていた。その中でも，特にアメとしての賞（ごほうび）をより多く子どもたちに与えることの方が教育的効果は高いと，現代においても強調されている。しかしながら，実際にはこうした賞については限界があること，むしろ有害になるというショッキングな研究結果も報告されている。

ここで，賞に関する興味深い実験を紹介する。保育の現場ではよく「○○をしたら△△をあげる」や「○○をしたら△△をしてもいいよ」などの，ある行動をうながすために，物質的な報酬や，他の活動を許可するといった報酬を示すことがある。このような保育者からの報酬は，内からのやる気にどのような影響を与えるのであろうか。

レッパーら（1973）は，3～5歳の日ごろから「お絵描きが好きな」園児を対象に，子どもたちをランダムに以下に示すような3つのグループに分けた実

■キーワード■　達成→p.188　挑戦→p.189

験を行った。

① 報酬期待群……絵を描いたら，ごほうび（金ピカシール，賞状）をあげると約束し，実際にごほうびが与えられる。

② 報酬未期待群……ごほうびをあげるとの約束はしなかったが，絵を描き終えたときに，ごほうびが与えられる。

③ 無報酬群……ごほうびをあげるとの約束をせず，また実際にごほうびが与えられない。

表4-1 自由遊び中にお絵描きをした時間の平均パーセンテージ

報酬期待群	18人	8.59 %
報酬未期待群	15人	16.73 %
無報酬群	18人	18.09 %

このようなかかわり方を約2週間続けたところ，3つのグループの子どもたちは，自由遊び中のお絵描きをする時間に変化が生じたというのである（表4-1参照）。すなわち，「報酬期待群」の子どもたちは最もお絵描きをしていなく，実際に実験前よりも，お絵描きをしなくなった。これに対して，他の2グループの子どもたちは以前と変わりなく，お絵描きをしていたという。

では，なぜ「報酬期待群」の子どもたちはお絵描きをしなくなったのであろうか。それは，「ごほうびがもらえる」という期待によって，お絵描きが「好きだから，楽しいからやる」行動から「ごほうびのためにやる」行動に変化してしまったからである。「ごほうびのために描く」ということによって，手段性が増大することとなり，また，「ごほうびによって描かされている」ということで自発性も低下したのである。したがって，お絵描きに対する内からのやる気が低下し，ごほうびがないとお絵描きをしない（外からのやる気），という態度が形成されてしまったのである。先のレッパーらは，このようにもともとは内からのやる気であったものが，外からのやる気へと質的に変化することを「アンダーマイニング効果」と名づけた。

私たちは子どもに対して，賞や報酬（ごほうび）をあげればあげるほど，それについての行動はさらに高まると思いがちである。しかし実際はそうではな

■キーワード■　アンダーマイニング効果→p.183

かったのである。この研究結果は，保育や教育を考える上で非常に興味深いものであると言えよう。

ただし，この結果を解釈する際には，以下の2点に注意しなければならない。すなわち，ごほうびを与えること自体は有害ではなかったということである。それは表4-1の「報酬未期待群」の子どもたちの結果を見れば理解できる。ごほうびを与えられているが，お絵描きに対するやる気に問題は生じていない。「報酬期待群」との違いは，「ごほうびがもらえる」という「期待」が，子どもをコントロールし内からのやる気を低下させてしまったということなのである。

また，この研究の対象となった子どもたちは，冒頭で述べたように「お絵描きが好きな」子どもたち，すなわち内からのやる気によってお絵描きをしている子どもたちである。どのような子どもたちに対しても有害となるのではない。したがって，このような内からのやる気の子どもたちにこそ，いわゆる「見守る」といったかかわり方や，達成感や満足感をより感じられるような共感的なかかわり方がふさわしいと言えるのである。

(2) 無気力・指示待ちの子どもたちの増加

さてここで，最近の子どもたちについて少し考えてみたい。それは，やる気のエネルギーを失った「無気力」や，外からのやる気に依存しがちな「指示待ち」の子どもたちについてである

「無気力」「指示待ち」とは，大人が子どもに求めるような面（勉強や知的な活動）で自発性がない，あるいは「のんびり」「ダラダラ」として活動性自体が衰弱化している子どもたちのことであろう。すでに説明したとおり，人は生まれながらにして能動的で知的好奇心に満ちた存在であるというのに，なぜこうした子どもたちが増えるのであろうか。それは一言でいうとその子をとり巻く「環境」のせいである。以下に，その原因についてやる気との関係から考えてみたい。

■キーワード■　無気力　指示待ち　知的好奇心→p.188

(1) 実は，大人社会が無気力や指示待ちの人間を望んで作ってしまっている。

　今の子どもたちは，幼児期から毎日「指示を出されて動く」という一連の行動を繰り返して練習している。子どもは大好きな親や保育者のために，何か指示を出されれば喜んでやってしまうものである。そして，子どもは新しいことを吸収していく力がとても強いために，このような一続きの行動パターンが容易に習得されやすい。したがって，まわりからの指示がないと行動に移れないという習慣が成立してしまうのである。

　成長するにつれ，まわりの大人たちは「この子は自発性のない子どもだ」とか「やる気が全く感じられない」などと非難するが，当の本人にしてみれば，自然に身についたことを繰り返しているだけであり，やる気や自発性がないというわけではないだろう。むしろ本来もっていたそれらが発揮されず，まわりの大人によって阻害されてしまったということになるのである。

(2) 親や保育者の「物事を教えこむ」という考えが強すぎる。

　「こうすればよいのだから，こうしなさい」「子どもに教えるのが親や保育者なのだから」という，いわゆるマニュアル的，ハウツー的な考えの強い親や保育者が増えているのも事実である。子どもたちは自分で「育つ」側面ももっているのに，教えすぎてしまっているのである。加えて，「教え込む」ということが，体験的に子どもが自ら学ばなければならない領域まで侵入してしまっている場合も多い。これらは，大人自身が「指示待ち」で「教え込まれてきた」人間であって，自分のやる気を試す喜びを知らないからであろう。したがって子どもたちの「内からのやる気」を「任せる」「見守る」ということができないのかもしれない。子どもたちにはぜひ「言われてやった」「やってもらった」でなく「自分でやった」という達成感を味わわせたいものである。

(3) 子どもたちが「自分で」決定し，行動することの怖さを感じている。

　これは自分に自信がないから，新しいことにチャレンジできないタイプである。また，仮にやってみたとしても，失敗したら暖かく見守ってもらえる環境ではないと子ども自身が認識しているので，チャレンジできないのかもしれな

い。すなわち，「失敗してしかられるのはイヤダ。だからやらない」といったことである。これは次節で説明する「大切な他者からの受容感」が低いタイプである。失敗を許容できない完全主義の親や保育者が増えたからであろうか。うまくいかないのが子どもであり，子どもは誤りや失敗から学ぶことも多いのである。

5. 内からのやる気を育てる

（1）内からのやる気が発現・具現化されるプロセス

では，子どもたちの内からのやる気を育てるためには，いったいどのような環境や働きかけが必要なのであろうか。そのためには，まず内からのやる気がどのようにして具現化されているのか，そのメカニズムを知ることが重要である。これについては図4-6を見てほしい。

```
        〈楽しさ〉〈満足〉
            ↑
    〈知的好奇心〉〈達成〉〈挑戦〉
       「内からのやる気」の現れ
            ↑
    〈有能感〉〈自己決定感〉 ← 〈他者受容感〉
          「内からのやる気」の源
```

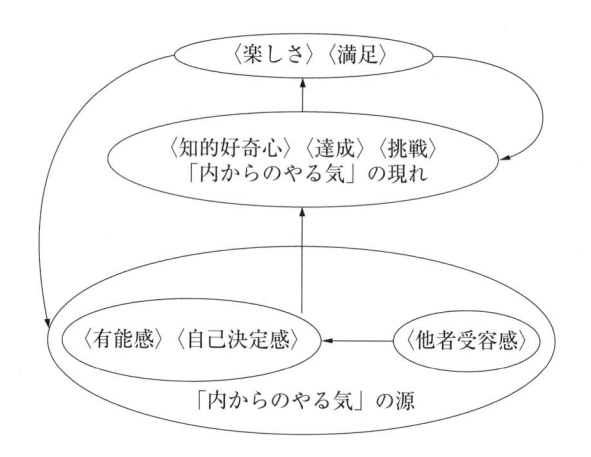

図4-6　内からのやる気の発現プロセス（桜井，1997を改変）

図4-6は，下の方から見ていくとわかりやすい。内からのやる気はまず

「内からのやる気」の源：〈有能感〉〈自己決定感〉〈他者受容感〉に支えられ，それが具体的な行動として「内からのやる気」の現れ：〈知的好奇心〉〈達成〉〈挑戦〉の形で外界に表出され，〈楽しさ〉や〈満足〉を感じる。さらにその〈楽しさ〉や〈満足〉が，自分の有能感や自己決定感を高めていくというリンク形式になっている。

（2） 内からのやる気を育てる

このようにしてみると，乳幼児期の内からのやる気を育てるためには，それらの源：〈有能感〉〈自己決定感〉〈他者受容感〉をまずは育てていかなければならないことが理解できるであろう。そこで以下には，それぞれのポイントに絞って解説する。

1） 有能感を育てるには

有能感をわかりやすく言い換えると，「自分に対する自信」ということになる。「自分はやろうと思えばできるんだ」という気持ちがなければ，積極的に外界とかかわることはできないのである。

この有能感を直接的に育てることは，まずは成功経験を多くもたせることである。そのためには，その子に合った適切な課題を与えることができるような保育者の環境整備や配慮が必要となる。そしてかかわり方の基本としては，よくほめる（賞賛する）ことが大切である。これは，後述する他者受容感も促進するものである。保育者が「よくできたね」「よくがんばったね」と言ってあげることが，実は乳幼児期の子どもたちにとっては「成功したんだ！」という実感をもたらすことも多いのである。また，ことばでほめるだけでなく，頭をなでたり，抱きしめたり，保育者が大げさに喜んだりと，身体を使ってほめた方が有能感はさらにアップする。

しかしながら，ここで保育者自身について振り返らなければならない点がある。それは，子どもをほめるポイントである。保育者の求める基準で100％達成されなければ成功ではない，ほめられないというのでは教育的とは言えない

■キーワード■　有能感→p.191　自己決定感→p.187　他者受容感→p.188
達成→p.188　挑戦→p.189

であろう。子どもたち一人ひとりをよく観察し，その子がどれだけ伸びたか，どれだけ充実感をもって活動しているかといったことを配慮し，ほめてあげなければならないのである。

また，保育者は，子どもたち一人ひとりのもつ潜在的な能力や「よさ」を見つけ，それを開花させるような働きかけも大切である。すなわち，ほめる機会を子どもに応じてたくさん用意してあげるのである。よく学生は実習から帰ってくると，「子どもをしかること，注意することが難しかった」と言うが，こうしてみると実はほめることの方が相当難しいと言えるのである。

2) 自己決定感を育てるには

自己決定感とは，自ら好んで自己決定すること，すなわち幼児教育や保育の世界で言うところの自主性や主体性のことである。内からのやる気は自発性に基づくものであるから，当然「自分で決めて，やっているんだ」という自己決定の感覚がなければならない。

自己決定感を育てるためには，まずは子どもたちの「自分でする！」という気持ちを暖かく見守ることである。とかく，保育者は子どもたちの能力を過小評価してしまいがちで，あれこれと指示を出したり手を貸したりとなりやすい。しかしながら，子どもたちは日々すごいスピードで成長しているのである。子どもの発達に応じ，自分自身でできることは自分で達成できるように援助し，さらに少々難しそうなことにも果敢にチャンレンジさせるような気持ちのゆとりが大切である。なお，このような「自分にできそうなことは率先して行う」という子どもたちの性質を，ジャーシルドは「自発的使用の原理」と呼んでいる。

こうした「自分でできることは，自分でする」という経験を重ねていくと，子どもたちは「自分のことは自分で決めたい」「自分でやってみたい」と思うようになる。そこで，この自発性をさらに育成するために，保育においては自己選択や自己決定の機会を設けることが必要になる。しかしながら，この自己選択・自己決定の機会は子どもゆえの配慮をする必要がある。それは，乳幼児

■キーワード■　自発的使用の原理→p.187

コラム9：外からのやる気が内からのやる気へ―機能的自律性―

　本章では，子どもたちが内からのやる気で行っていた活動に対して，大人が「ごほうびを与える」といった期待をさせることにより外からのやる気へと変化してしまう「アンダーマイニング効果」について説明した。しかしながら，自分の過去を振り返ってみると，それとは正反対に，無気力でほとんどやる気のなかったことや，嫌々ながらやる，やらされていたという外からのやる気による行動が，いつの間にか内からのやる気へと変化していた，というケースも少なくない。それらをよく思い出してみると，多くは「ほめことばや賞賛」といった言語的な報酬や承認によって，内からのやる気が促進されていることに気がつく。

　たとえば，子ども時代のおけいこごと（ピアノ，バイオリン，習字など）を例にして考えてみよう。たとえ，それらのおけいこごとを自発的に始めたとしても，練習初期は親や先生からの「賞賛」や「承認されること」（すなわち外からのやる気）がやる気の源となっていたのではないだろうか。こうしたことが素地となって，その後はやること自体のおもしろさや技能が向上すること自体の喜びがやる気の源となり，「賞賛」や「承認されること」がなくても内からのやる気で持続していたのである。冬季オリンピックの金メダリストでさえ「お父さんにほめてもらえるのがうれしくて，スキーをしてきました」と振り返っているのであるから，いかに対人関係の要素が大切であるかが理解できる。

　このような，外からのやる気が内からのやる気へと変化することを，心理学では「機能的自律性」と呼ぶ。機能的自律性のメカニズムは以下のとおりである。

(1) 外からのやる気で行っていたことが，たまたま・偶然に上手くいき，親や教師などからほめられる，承認されるなど肯定的な評価を受けると，「自分はやればできるんだ」という自信・有能感が高められる。この「やればできる」という自信・有能感が「自分からやってみよう」という自発性（内からのやる気）を引き起こす。

(2) 親や教師からほめられる，承認されるということは，子どもたちの学校・クラスという中での「他者受容感」を高めることになる。常に「見守られている」という安定した気持ちで生活を送ることにもなり，こうした状態が内からのやる気を育てる。

　これらは，すべて本章で説明した「内からのやる気が発現・具現化されるプロセス」と対応していることに気がつくであろう。アンダーマイニング効果や機能的自律性の事実が示すように，保育者は，子どもたち一人ひとりの状態に応じたきめ細かい働きかけが必要とされているのである。

期の子どもたちにはまだまだ自己選択等を適切に行う能力が育っていないからである。

また，自己選択をさせると言っても，たとえば「手を洗う？ それとも洗わない？」といった「行動をするかしないか」といった選択をさせたのでは意味がない。「しない」ということを選択し決定してしまうこともあり得るからである。また，「ＡかＢか，あるいはＣかＤか」と選択肢を多くしても子どもたちを混乱させるだけである。この場合，たとえば「今日は，保育室の水道で手を洗う？ それともリズム室の隣の水道で手を洗う」とか「今日は，この小さい石鹸で手を洗う？ それとも大きい石鹸で手を洗う？」といったささいなことでよい。こうしたことの積み重ねによって，子どもたちは喜んで自己選択・自己決定ができるような能力が養われていくのである。

3）他者受容感を育てるには

子どもたちが，生き生きと内からのやる気をもって活動するためには，安心して生活を過ごすことのできる環境が必要である。特に「保育者からの受容感」は信頼感ということばで言い換えることもでき，このような情緒的な結びつきはきわめて重要であろう。この受容感を育てるには，まずは子どもと一緒によく遊び，楽しい気分を子どもと共有するということが大前提となる。

また，信頼感を育てるには，よき「話し相手」になることでもある。「話しを聞く，話しをする」ということは，何も質問攻めにすることではない。これは，子どもたちが保育者に対して自己開示をしてくれるということが大切なのである。したがって，たとえば保育者自身の好きな食べ物やささいな失敗談など，子どもがリラックスして自己開示しやすいように，肩肘張らずに話すことを心がけたいものである。

そして，集団保育をする上でもう１つ大切なことは「クラスの仲間からの受容感」を育てることである。当然のことながら，失敗をしてもみんなの前でしからないような配慮が必要であり，間違っても以前にあった「反省会」のような見せしめはもってのほかであると考える。むしろ，「ほめる子の集会」とい

■キーワード■　保育者からの受容感

うように，良いことをした子をほめ合うような，そんなクラスの雰囲気が仲間からの受容感を育てるであろう。

また，子どもどうしの競争心を過度にあおる働きかけも考えものである。とかく保育者は，こうしたテクニックで子どもたちに「○○をさせよう」「急がせよう」とするが，このような働きかけが日常的に行われるようになると，いわゆる遅い子，できない子が問題にされてしまう。子どもたちは競争やスピードが試されるような場面で，悲鳴に似た声をあげて活動するが，これは「一番になりたい」というよりも「ビリになりたくない」という気持ちで，必死にやっている子がいることを表しているのではないだろうか。こうした緊張・緊迫した雰囲気の中では当然，仲間からの受容感も育たないのである。

4）やる気のタイプ別にみた外的報酬の効果

以上，内からのやる気の源を育てるポイントについて述べてみた。しかしながら現実的には，今現在，やる気のエネルギーのない子どもに対してどのような対応をしたらよいのか，といった問題もある。この場合については，やる気の分類に基づく外からの報酬（賞，ごほうび）の与え方についてが参考になる（図4-7参照）。

やる気のエネルギーがない場合には，やる気を出すための最低限の報酬は必要である。そこから，ごほうびのためにやるという「外からのやる気」へと変化したら，あとは内からのやる気へと変化を促す働きかけをすればよいのである（コラム8参照）。

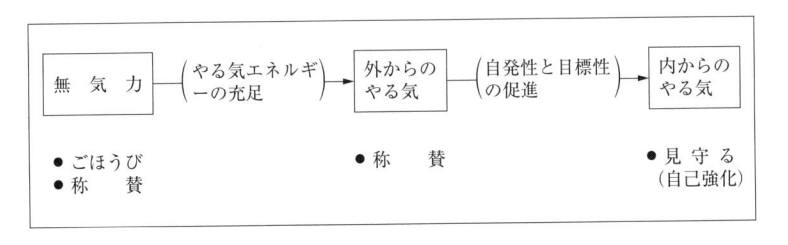

```
┌─────────────────────────────────────────────────────────────┐
│  ┌──────┐ （やる気エネルギ）┌──────┐ （自発性と目標性）┌──────┐  │
│  │無気力│ ─ ーの充足    ─→│外からの│─  の促進      ─→│内からの│  │
│  │      │               │やる気 │                │やる気 │  │
│  └──────┘               └──────┘                └──────┘  │
│                                                             │
│  ● ごほうび              ● 称  賛              ● 見 守 る   │
│  ● 称  賛                                       （自己強化） │
└─────────────────────────────────────────────────────────────┘
```

　　　　図4-7　それぞれのやる気に適当な外的報酬（桜井，1997を改変）

第5章
個人差の理解

　保育や教育の現場に立つと，子どもたちの一日一日の変化，あるいは一年を通しての成長ぶりに驚かされることが多い。このような子どもの成長・発達の軌跡を振り返るときにも，その子らしさをはっきりと心に感じることがある。

　本章では「個人差とは何か」を学習しながら，子ども一人ひとりの個性への理解を進めていく。まず，「知能」（知性的な能力に関する個人差），次に，「性格」（意思や情緒に関する個人差），この2つの側面から，個人差について学んでいく。

1. 個人差と個性

(1) 一人ひとりの「違い」と「特徴」

　人間は，一人ひとり誰しもがかけがえのない存在としてこの世に生きている。その一人ひとりの個人差について考えるとき，一人ひとりの行動や状態が，平均的な場合に「正常」，平均から離れている場合に「異常」ということばを用いて表現することがある。この場合には，一人ひとりの特徴をあるものさしの上にとらえ，その特徴の平均からの隔たりの程度を言い表している。そのため，個人差の考え方の背景にいつの間にか，数の少ない例外を排除するような社会的価値観が含まれてしまうことがある。しかし，そもそもの「個人差」の意味とは，人間一人ひとりの違いを言い表しているに過ぎない。一人ひとりは独自に存在していること，それぞれは異なるということを言い表している。

　「個人差」と同じように，集団の中の個人が独自にもつ特徴を表現することばに，「個性」がある。たとえば，「あの人は個性的だ」と言うとき，私たちは，その人のユニークさ（独自性），その人が自分らしさをもって生きていること（自己の一貫性）を肯定的に受け入れ認めている。個性ということばは，自らの才能や資質を生かし，自分らしく生きようとする考え方や行動を表している。その反面，個性が十分に生かされていないときは，その人の独りよがりの側面が目立つ結果になることもある。つまり，「個性」とは何かを考えるということは，人がいかに自分らしく生きるかを考えることと深くかかわっている。

(2) 個性と社会

　「個性」とは，その人が所属する人間関係や集団のもつ社会規範とも密接に繫がっている。人は人間関係を通して，自己を知り，他者を知る。異なる特徴

■キーワード■　個人差　正常　異常　個性

をもった人間が相互にかかわり合い，社会における自己実現の過程を通して自我を形成し，それを個性として伸ばし育てていく。「個性を生かす」というが，人の個性とは，社会とのかかわりの中でこそ輝くことができる。

　個性の伸ばし方や育て方は，さまざまである。たとえば，生まれつきの一人ひとりの特徴や違いをそのまま受けとめて伸ばして行こうとするかかわり方がある一方で，子どもの個人差の不利な点を補いつつ，将来の発達可能性を支援しようとするかかわり方がある。かかわり方にはそれぞれの違いがあるが，保育者の思い込みやうわすべりな一般論的主張に偏らないことが大切である。したがって，個性の育ちを考えるとき，私たちには，熱意とともに行動観察の力・事例検討の力も求められている。

　次節からは，人間一人ひとりが持つ個人差への理解を進めていく。

2. 知能とは何か

(1) 知能検査の歴史

　「知能」とは何かを，すぐに答えるのは難しい。「頭がいい」「頭の回転が速い」「独創性がある」「よく気がつく」「細やかで丁寧である」「バランス感覚がある」など，人の知性的な能力の表現はさまざまである。能力のどの側面を強調するかで，知能の定義は異なってくる。これまでの知能研究では，知能を1つのまとまりのある能力としてとらえることが多かった。たとえば，「抽象的思考」であるとか「学習する能力」であるとか，「環境に対する適応力」などである。現在は，1つの能力というよりも，「抽象的思考」「学習する能力」を含めた「環境に対する適応力」であるというように複数の能力の統合されたものとして，「知能」を考えるようになってきている。

1) ビネー式知能検査

　さて，知能とは，測定することができるものなのだろうか。

■キーワード■　知能→p.188

知能の定義はさまざまであるが，知能を測るための尺度を初めに考えたのは，フランスの心理学者ビネーである。ビネーは，特殊教育が必要な子どもを早い段階で見つけるための方法の開発を教育行政から依頼されて，医学者シモンの協力を得て，1905年，難易度順に配列した検査問題を作成した。これにより，子どもの発達の遅れや障害の程度を定めることが可能になった。

　ビネーは，その後，生活年齢により問題を配列して，1911年にはビネー・シモン知能検査を完成した。これをモデルに，世界の各国で，各地域の実情に合わせた測定尺度が作成された。特にターマンによるアメリカのスタンフォード・ビネー知能検査は有名である。ターマンは，精神発達水準を表す精神年齢（MA）を生活年齢（CA）で除した値を100倍して，知能指数（IQ）として知能発達の指標に用いた。たとえば，実際の生活年齢が10歳0ヵ月の子どもA君を例にして考えてみよう。検査の結果A君の精神年齢が10歳0ヵ月の場合，実際の年齢である生活年齢も10歳0ヵ月であるから，知能指数は100になる。したがって，A君は，生活年齢に応じた知能をもっていることになる。知能の発達が早ければ知能指数は100を超え，遅ければ100を下回る。

　日本では鈴木・ビネー式知能検査，田中・ビネー式知能検査が作成され用いられている。問題の項目は，事物の名称，指示，了解，定義，模写，組み合わせ，実際的解釈などである（表5-1）。

表5-1　田中・ビネー式知能検査（1987版）の問題例

年齢別	内　容　（例）
1歳級	身体各部の表示（目，足，鼻，髪の毛），積み木つみ（5個），他，全12問
2歳級	文の記憶（形容詞＋名詞），トンネルつくり，他，全12問
3歳級	文の記憶（単文），絵の完成（小鳥），他，全12問
4歳級	理解（目，耳），長方形の組み合わせ，他，全6問
5歳級	反対類推（○○は〜に△△は？），三角形の模写，他，全6問

2）ウェックスラー式知能検査

　ビネーが考えた「知能」とは，さまざまな知的作業を行うときに共通する

■キーワード■　ビネー→p.191　スタンフォード・ビネー知能検査　ターマン　生活年齢　知能指数→p.189　田中・ビネー式知能検査→p.188

コラム10：子どもにとって，知能検査はなぜ必要か――大人の側の課題――

ビネーによる知能尺度の始まり(1905)からおよそ100年が経過した。現代では，知能検査への要請も多様化している。そもそも，教育行政の要請をきっかけにつくられたビネー式知能検査は，子どもの発達が遅いか早いかの度合いを示すことに重点が置かれている（本章2節参照）。その後の社会，今日の幼稚園や保育所，学校教育現場では，落ち着かない子ども，ことばでの指導が入りにくい子ども，注意がそれやすい子ども，さまざまな子どもの行動への理解と対応が求められて，併せて知能検査の受検者側の要望も変化している。

したがって，現在は，知能検査の使用それ自体によって，子どもの発達水準だけでなく子どもの発達の全体像（発達の凸凹）を数値情報としても知ることができるWISC-Ⅲ知能検査も多く利用されている。13の下位検査項目からなるWISC-Ⅲ知能検査は，言語によって応答を求める言語性検査，動作・作業によって応答を求める動作性検査，2つを総合した全検査のそれぞれを数値情報でとらえているので，発達の全体的な能力のバランスや偏りを知る指標になる。

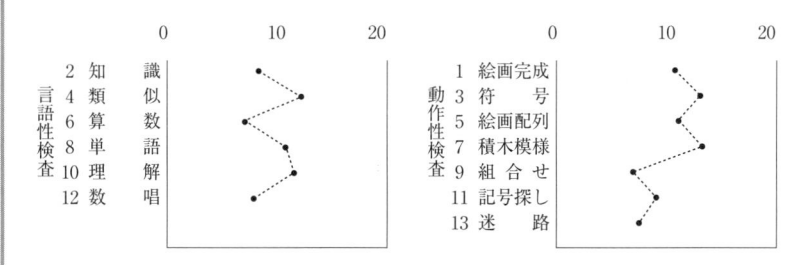

WISC-Ⅲのプロフィール例

「なぜ，こんなに簡単なことがわからないのか」という保護者や保育者の日常生活における不安や戸惑いを，子どもとのかかわり方をどう工夫したらよいかという具体的な問いへと変化させるきっかけにすることができるので，子どもの発達における能力のバランスを知ることは大切である。知能検査という尺度（ものさし）は，子どもの1つの側面，1つの傾向をとらえるのに有効である。ただし，たとえば，精巧なカメラで腕の立つプロのカメラマンが被写体をとらえたとしても，それは，あくまでもその存在そのもののある一側面でしかない。検査の結果を，目の前の子どもと子どもをとり巻く人間や環境と照らし合わせ，その後の保育や教育の中でいかにして生かしていくかは大人の側の課題といえる。

「一般知能」だった。その後，ビネー式知能検査を発展させたニューヨークのベルビュー病院のウェックスラーは，知能を質的に異なるいくつかの要素や能力によって構成される「分析が可能なもの」と考えた。彼は新しい型の診断用個人検査「ウェックスラー・ベルビュー知能検査」（W-B）を発表した（1939）後，成人用尺度（WAIS）を考案した（1955）。それとともに，児童用尺度WISC（1949），就学前児童用尺度WPPSI（1966）を考案した。検査の課題は，「言語性」と「動作性」に分けられ，言語性検査，動作性検査，全検査ごとに知能指数を算出し，臨床的・診断的に利用できるように作成された。これにより，単に「平均」と比べた知能の遅速についてだけでなく，その子ども自身の中での優れているところ，苦手なところも把握が可能になった。

（2）知能の構造

これまで，ビネーやウェックスラーの知能検査による「知能研究」について述べてきた。しかし，決して，知能検査によって人間がもつ知的能力のすべてが解明されるわけではない。人間の知的能力とは一様で単一な性質のものではなく，複数の性質を併せもち，明確な区分が難しいことは，日常生活の体験からも容易に想像できる。

ここでは，「知能研究」の1つのアプローチ方法として，前節において学んだビネーを始まりとする心理測定的アプローチによる知能研究の流れから，「知能の構造」について考える。

1）スピアマンの2因子モデル

ビネーは，知能を1つの統一体のような「一般知能」と考え，その測定用具として知能検査を考えた。イギリスのスピアマンも，「一般知能」の存在を支持し，統計の手法（因子分析）を用いて2種類の知能の因子を見出した（G因子：全検査に共通して測られる一般因子，S因子：個々の検査だけが測りうる特殊因子）。この2つの因子の特徴が一人ひとり異なるために，知能の個人差が現れると考えた。

───────────────────────────────
■キーワード■　ウェックスラー　ウェックスラー式知能検査→p.184　言語性　動作性　一般知能　スピアマン　因子分析→p.183

2) サーストンの多因子モデル

アメリカの心理学者サーストンは，大学生を対象に知能検査を実施し，統計的な分析を行った。その結果，7つの共通因子（基本的知能因子：PMA）を見出した。7つの共通因子とは，P（知覚的速度），V（言語・推論），W（語の流暢性），S（空間的視覚関係），N（数的能力），M（語，数，図形などの記憶），R（帰納的推理）である（図5-1）。サーストンの多くの因子の総体として知能を考える多因子説は，ギルフォードの知能の構造論に受け継がれた。

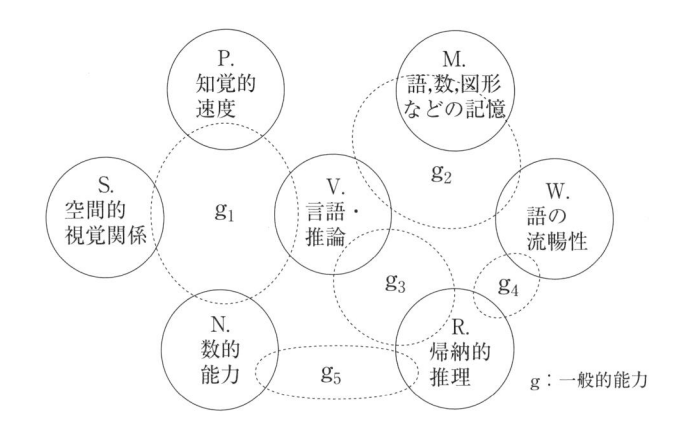

図5-1　サーストンの多因子説による知能構造のモデル（Thurstone, 1938）

3) ギルフォードの知能の構造モデル

スピアマンやサーストンが見出した因子は，すべてビネー式知能検査を下敷きに作成したテストから導かれている。これに対してギルフォードは，すでにある知能検査から出発するのではなく，知能がもっている性質から知能の構造を理論的に理解し，知能を「内容」「操作」「所産」の三次元で構成された立方体モデルで考えた。ギルフォードは，特に操作の次元で，思考を「収束的思考」（考えを1つへとまとめていく），「発散的思考」（考えをもっと押し広げていくように働く）の2つに分け，「収束的思考」は，これまでの知能検査でも取り

■キーワード■　サーストン　ギルフォード　収束的思考　発散的思考

上げられてきた知能に相当するが，「発散的思考」は，従来のテストであまり取り上げられなかった「創造性」と深く関連すると考えていた。

（3） 知能と創造性

ギルフォードが知能の構造モデルで示した「発散的思考」は，新しい発見，独創性を必要とする科学，創造的芸術の世界の発想から問題を見つめることのできる柔軟な思考と関連するものではないかと考えられていた。ゲッツェルスとジャクソンは，1961年に発散的思考を測定しようと考えて創造性テストを作成した。問題では，単語の意味・物の用途を連想する，未完の課題から結末を作る，答えを1つとしないなどの工夫がなされた。ただし，このテストが特定しようとした創造性が，従来の知能検査の能力などから独立した能力かどうかは確認されていない。出発点であるギルフォードのモデルも，「発散的思考」を他の操作から独立してとらえていない。人のさまざまな能力から，創造性だけを取り出して測るのは難しいことが推し量られる。

創造性の一般的定義は，「社会的に有意義な新しいものやことを生み出す個人の特質」であると考えられる。このような定義から考えると，創造性を測定する知能検査のような尺度（ものさし）は生みだされ難い。ノーベル賞の受賞者数に代表されるような創造的発見の出現数は，地域的，文化的，組織的な極端な偏りが見られる。創造性という能力の出現には，個人の資質ばかりではなく集団や文化の強い影響があると考えられる。

では，個人の資質を高めていけるような，保育集団場面における子ども一人ひとりの創造性の育ちについて考えてみよう。自分の好きな遊びに夢中になっている子どもは，いったん興味をもったら，成功・失敗にかかわらず，あっという間に遊びを広め深め，エネルギッシュに探索的に行動しはじめる。このような，遊びに夢中になりながらの成功体験や失敗体験の繰り返し積み重ねが，遊びをつくる創造的な力になっていくと考えられてきた。こうした子どもの体験的な力は，一回一回の成功・失敗だけで評価される世界では育ちにくい。外

■キーワード■　創造性

的な行為の育ちを理解されながら，内的体験の育ちを見守られ，とまどいをそっと支えられたり，少しのヒントを授かり，エンジンがかかることもある。発達過程の子どもたちが，それぞれに発散する探索的なエネルギーのあり方はさまざまであるが，保育にかかわる人は，子どものエネルギーの向かいたい方向を一緒に感じることが求められる。子どもにとっての創造性の育ちは，共にある人と人の共同作業の育ちとも言えるだろう。

3. 性格とは何か

（1）性格——情緒的・意志的な行動の側面からの個人差——

　私たちは，自分の周囲にいる人の特徴をその振る舞い方，話し方，考え方，感じ方などから「○○さんは，明るい人柄だ」「細やかだ」「おとなしい」「しっかりしている」などと言うことがある。心理学では，人の行動に見られる多彩な個人差を説明するために，「気質」「性格」「パーソナリティ」の用語を用いて考える。

　「気質」は，情動的な反応の側面からのその人らしさで，先天的・生理的な傾向を強調して用いられる。「性格」は，感情や意思の側面からのその人らしさを強調して用いられることが多い。「パーソナリティ」は，気質や性格，さらには知的な側面を含んだ上位の概念として，各側面を分けることのない全人的なその人らしさとして用いられる。それぞれのことばのニュアンスの違いはあるが，ここでは，「性格」を個人を特徴づけている基本的な行動様式と考えて，「パーソナリティ」とほぼ同様に，幅広い側面を含んだ意味で用いる。

（2）性格の類型論と特性論

　性格の個人差は多様である。多様な性格を少数のタイプに便宜的に分類する性格の「類型論」を知ることは，その人らしさを直感的に理解する助けとなる。

■キーワード■　気質→p.185　性格→p.188　パーソナリティ→p.190　類型論

ただし、類型論は、個人の多様な性格をある一定の観点から分類・整理しているので、背景となる理論によって観点が異なる。実際の性格は、類型論によってきれいに分類されるわけではなく、中間型・混合型が多数である。

「類型論」はヨーロッパで発達したが、「特性論」はアメリカ、イギリスを中心に発達した。特性論では、行動の諸特徴をそのまま正確に記述した。慎重さ、礼儀正しさなど、行動の仕方やそのまとまりを特性としてとらえ、個人間の性格の相違を質的な問題ではなく程度の問題として考えた。

ここでは「類型論」として、類型化の基礎を体質や生物学的なものに求めたクレッチマーの類型論と心理的特徴に求めたユングの類型論を紹介する。「特性論」としては、キャッテルの特性論と、キャッテルのように性格を必要最小限の項目でとらえようとして、近年、各国で行われている「ビック・ファイブ」の研究を紹介する。

1）クレッチマーの体型説

ドイツの精神医学者クレッチマーは、臨床上の経験を健常者にまで広げて考え、3つの性格類型とそれに対応する3つの体型との関連を研究して発表した（表5-2）。

表5-2　クレッチマーの体型説　(Kretschmer, 1955)

気質類型（体型）	パーソナリティ特徴
躁うつ気質（肥満型）	環境と融合して、他者と共感しやすい傾向がある。循環気質ともいわれる
分裂気質（細長型）	自我と外界を鋭く対立させ、他者との間に一定の心理的距離をおこうとする傾向がある
粘着気質（闘士型）	1つのことに粘り強く執着し動揺しないが、融通性のない傾向がある

2）ユングの向性説

スイスの精神医学者・分析心理学者のユングは、臨床的視点から人の「心的エネルギー」の方向を「内向性」「外向性」の2つに分類した。内向性は、心

■キーワード■　特性論　クレッチマー　ユング→p.192　内向性　外向性

的エネルギーや興味を自分の内界に向け，主観的な認識を基準にして判断し行動する態度が習性化している。外向性はそのエネルギーを外界に向けるもので，外的な関係性を重視して判断し行動する態度が習性化している。ただし，一般的に人は両者を併せもつので，どちらかの傾向をもつと言える。

3）キャッテルの特性論

キャッテルは，性格を必要最小限の特性因子によってとらえようとして人格特性の研究を行った。因子分析によって16個の根源特性を見いだし，それらを尺度化して，1949年「16PF」と呼ばれる人格検査を発表した。各因子は理論上独立し，包括的な人格特徴をとらえられるようになっている。16個の因子からは，4個の二次因子，QⅠ（内向性―外向性），QⅡ（低不安―高不安），QⅢ（心情的―行動的），QⅣ（依存性―独立性）が取り出された。

4）ビック・ファイブ（Big Five）

近年の特性論では，5つの特性によって性格を包括的に理解できると考えられるようになり，このような考え方は「ビック・ファイブ」と呼ばれ，さまざまな国で研究が行われている。表5-3が，辻らの研究による5つの性格特性因子である。

表5-3　5つの性格特性因子（辻ら，1997）

因子	名称	特徴
第1因子	内向性―外向性	内面の活動に沈潜して不活発になるか，外界に活発に働きかけるかに関わる特性の因子
第2因子	分離性―愛着性	対人的な「距離」，あるいは，「関係性」を代表する特性の因子
第3因子	統制性―自然性	自己や環境に対して意思的に統制しようとする「統制性」か，統制を放棄して自然をあるがままに受け入れる「自然性」を代表する因子
第4因子	情動性―非情動性	心身へのストレスや脅威に敏感に反応するか否かの「ネガティヴな情動反応」に本質がある特性の因子
第5因子	遊戯性―現実性	感覚，感情，イメージ，思考，活動などが日常的な現実経験の枠内におさまりきらず，あふれ出てくる「豊穣さ」が代表する特性因子

■キーワード■　キャッテル　ビック・ファイブ

今後，ビック・ファイブの研究は，教育・産業・臨床の分野での活用が期待されているが，人間の個人差を個人の内部にどう求めるか，状況的要因の影響・関連をどうとらえるかなど性格特性因子の相互的な検討が求められる。

（3） 性格を形成するさまざまな要因

1） 性格の構造的要因

一般的な，性格の構造では，素質・生理学的特質としての「気質」が個人の中核を成す層として考えられている。その他にも，環境の影響を受けにくい深層的・中核的な部分と，環境の影響を受けやすい表層的・周辺的部分とを考えるフロイトやレヴィンなどによる説もある。「性格は遺伝する」と言われることがあるが，一般的に，子どもは親と同じような生活環境で育ち，親の行動を見て学び育っている。そのため，親子の類似性のすべてを遺伝によるものとすることはできない。性格構造の個人差をつくるのに影響をもつのは，遺伝か—環境か，「先天説」—「経験説」の2つの立場からの論議はこれまでもあったが，今日では，この両者の相乗的作用の結果と考える「輻輳説」「相互作用説」が支持されている（第2章参照）。

2） 子どもの気質と親の養育態度

子どもの気質を，親の養育態度との関連から，3つのタイプに分類した研究がある。トーマスとチェスらは，子どもの「気質」について，客観的に評価可能な気質から生物学的要因を基盤とする乳幼児の行動特徴を取り分けて，9つのカテゴリーにまとめた。その組み合わせから，研究対象とした乳幼児の65％を，①扱いやすい子ども（生活のリズムがあり，順応性も高く，母親は自信をもって育児に取り組み易い），②扱いにくい子ども（生活のリズムが不安定で順応性も低く，母親は自分の育児に自信をなくしやすい），③スロー・スターターの子ども（行動の立ち上がりが遅く，前の2つのミックスしたような特徴をもつ子ども）の3つのグループに分けた。

母子関係は，トーマスらが述べる3つのタイプにも代表される子どもの生ま

■キーワード■　性格　気質　先天説　経験説　輻輳説　相互作用説
トーマスとチェス

れもった気質をベースに展開し，子どもの性格が形成されると考えられる。ただし，実際の生育過程の母子関係は，さまざまな人や事柄の関係の中で発展している。母親・父親が，ともに子どもと安定した精神状態で向かい合えるような環境づくり（家庭環境，住宅環境，地域環境など），人間関係づくり（夫婦関係，家族関係，近隣関係など）が，子育ての基本を支え，併せて子育て支援活動のテーマにもなる。

3）性格の測定

　子どもの性格の理解は，子どもの個性を育む上でも重要である。また，問題傾向や不適応行動の原因・背景の理解，予防・早期発見のためにも，日ごろから個々の性格・行動の理解が求められる。

　一般的な性格の測定では，さまざまな場面における個人の行動観察が基本となる。「観察法」では，日常生活場面の行動を，観察，記録，収集，分析，解釈することから，子どもの特性や性格の把握ができる。しかし，「この子はこういう子なのだから」という理解の枠組みにしばられてしまったり，偶然のできごとにとらわれたり，観察者の主観的に偏らないように，第三者と情報交換するなど工夫し，客観性が保たれていることが重要である。

　さらに，専門的な理解を進めていくには，臨床心理学・精神医学などを基礎

バウムテスト	HTP

図5-2　テスト法（投影法）の一例

■キーワード■　観察法

とした「面接法」「テスト法」を用いることがある。「面接法」では，あらかじめ用意した質問を子どもに聞いたり，また，用意した質問から子どもの返答が広がった場合は自然な会話を通じて性格に関する情報を集めたり，ことばだけでなく話し方・表情・態度に表出された子どもの自己像も受け止めていく。「テスト法」では，一般に，質問紙法（例：津守式乳幼児精神発達質問紙，16PF，YG性格検査），作業検査法（例：内田クレペリン作業検査），投影法（例：バウムテスト，HTP，SCT，風景構成法，CAT，TAT，ロールシャッハテスト）がある（図5-2）。これらのテストの利用では，それぞれの結果からは人のどの一面をとらえることができたか，常に慎重で謙虚な判断が求められる。

4. 子どものあり方の理解と適応

（1） 環境に適応していく力

1） 適応とは

保育現場に立ち，卒園式を迎えるころになると，子どもたちのさまざまな表情が心に浮んでくることがある。新しい環境にとまどっていた泣き顔，大好きなおもちゃのひとり遊びに夢中になっている顔，友だちと思いっきりけんかをして満足そうな顔，それぞれの顔に，〈その子なり〉のがんばりや成長が映し出されている。子どもは，日々，心の微妙なバランスを保ち成長をしているのである。「適応」とは，生きる姿であり，適応している姿が〈その子らしさ〉を表現する。

心理学では，人が環境とうまく調和して生活しているかどうかを「適応」「不適応」の概念でとらえる。人はこの2つの間を揺れ動きながら，さまざまな要求や欲求のぶつかり合いを体験し，「葛藤」を抱えて解決を図り環境との調和を保とうとする。

■キーワード■　面接法　テスト法　質問紙法　作業検査法　投影法　適応　不適応　葛藤

日常生活でも，私たちは，しばしば複数の欲求の間で心の揺れる状態を経験する。「テスト勉強は気が向かないが，単位は欲しい」など，同時に満足させることが困難な欲求や衝動をもつことがある。葛藤とは，このように欲求・衝動が同じくらいの強さで個人の内部に同時に存在し，行動を決定することができない状態を言う。ドイツに生まれアメリカで活躍したレヴィンは，葛藤の型を3つに分類している（表5-4）。

表5-4 葛藤の分類（Lewin, 1935に基づく）

型	主な状況と具体例
接近―接近	二者択一ができない状態 「（おもちゃのコーナーで）あれもこれも欲しいから，一つには決められないよ」
回避―回避	同時に2つから回避できない状態 「宿題をやらなくてはならないのはいやだが，先生にしかられてしまうのもいやだ」
接近―回避	接近と回避の間で揺れ動いている状態 「親から独立はしたいが，アルバイトや仕事をして自分で生計を立てるのは大変だな」

 人は，常に，「接近」と「回避」の二種類の要求を状況に応じて満足させていくが，そのバランスが崩れたとき，適応障害を生ずることもある。

 人は，自己の欲求と社会的要求との間の調整を図っていく中で，自分の心に生じる，怒り，悲しみ，憎しみ，反発，不安……など，いろいろな不快な感情を意識できる場合もあるが，それが無意識のレベルにとどまることもある。広い意味での適応機制とは，人が，適応過程において経験する葛藤や欲求不満といった心の緊張状態を意識的，無意識的に解消する心理的働きである。つまり，自我を防衛しようとする心理的な働きなので，防衛機制とも言われている（最初に適応機制の概念を提唱したのは精神分析の創始者フロイトである）。人は，緊張状態を解消するために，欲求に替わるものを他に求めたり，状況に支配的にかかわったり，状況から逃避したり，要求そのものを意識的に認めないなど

■キーワード■　レヴィン　接近　回避　適応障害→p.189　適応機制　防衛機制

の機制を用いている。適応機制の代表例を表5-5に示す。

表5-5　主な適応機制

種類	特長	例
抑圧	不安を招く欲求・観念を抑えつけ無意識の層に留めて，自我の安定を図る	多重人格
逃避	適応困難な状態や，不安な状態から身を引き，自我の安定を得ようとする	疾病利得，引きこもり
合理化	欲求が充足されない場合，事実を認めると傷つくので否定して，自己防衛を図る	屁理屈，負け惜しみ
投射	自分の欠点・弱点への劣等感を認めず，社会的に望ましくない要求・感情（敵意，攻撃，性的欲求，道徳的欠陥）を他人に転嫁する	相手が自分に敵意を向けている
反動形成	自分の内心の要求や感情をおさえる自我の働きで，抑圧されている衝動を表すときには，現実に正反対の要求や行動に転換する	好きな相手に無関心な行動を取る
置き換え	ある対象に対する実現困難な欲求・感情を，現実に充足可能なほかの対象に置き換える	やつあたり
昇華	攻撃的，性的な衝動を直接的に充足しないで，社会で認められる形に高めて表現する	スポーツ，芸術活動
退行	困難な事態に直面したとき，過去の発達段階で成功した欲求満足の方法に逆戻りする	赤ちゃん返り

2) パーソナリティの発達段階説

フロイトの発達段階説　　オーストリア出身の精神分析の創始者フロイトは，人間のパーソナリティの特徴を，イド，自我，超自我の3つの働きから形成されると考え（図5-3），パーソナリティの発達段階を人間のあらゆる営みの源である性的な無意識の本能衝動（リビドー：精神的エネルギー）によって示した。具体的には，生後から1歳半くらいまでを口唇期，1歳半くらいから3，4歳を肛門期，3，4歳から6，7歳をエディプス期，児童期を潜伏期，思春期から成年期を生殖期という，5つの発達段階に分けた。そして，それぞれに分類された時期におけるリビドーの充足のされ方が生涯にわたって影響をもつと考え，特に，発達初期のリビドーが親子関係の中でいかに円滑に充足さ

■キーワード■　フロイト→p.191　精神分析→p.188　イド，自我，超自我→p.*183*
リビドー

コラム11：無意識の世界とパーソナリティの形成—児童虐待の心理—

　人間の無意識の世界は，フロイトの「無意識の仮説」で初めて科学的に説明された。「自分が知っている私のこころ（意識）」と「自分の知らない私のこころ（無意識）」，つまり，意識と無意識が別々の方向に向かうとき（たとえば，親の職業は継ぎたくないが親に嫌われたくないために自分の将来が描けない場合），こころは矛盾を抱えきれずバランスを失う。しかし，無意識の世界に抑圧したものを意識すると，こころはバランスを取り戻す。

　同じようにフロイトは，パーソナリティ形成の発達段階（p.110参照）の中でも，普段は意識されにくい乳幼児期が重要であると考えた。近年はマスメディアなどでも，児童虐待の後々の人生への影響の大きさが取り上げられることがある。児童虐待は心的外傷後ストレス障害（PTSD）をもたらすほどの体験になることもある。PTSDは，あまりに強烈なために思い出すことがつらい過酷な体験，たとえるならば，地獄を見るような体験によって生じるといわれる。衝撃的な体験は，日常生活では無意識の世界に抑圧され，意識の世界で取り扱われることを回避している。そのため，本人の無意識のうちに重大な影響を与え続けることがある。

虐待を認めない心理	虐待の悪循環
・「2つの場合」 　①行為が虐待に当たると認めない 　②行為そのものを認めない ・「なぜ，認めないのか」 　①不利益を受ける状況を招くため 　②家族の関係に大きな危機を招くため 　③親としての存在を否定されるため 　④罪の意識に直面するため 　⑤自身が被虐待児であることを認めたくないため	・家族内における悪循環 　①親の過剰な要求と子どもの無理な反応 　②子どもの問題行動と親の反応 ・家族と家族外の人々との関係における悪循環 　家族の孤立化と援助の困難化 ←（助長・促進）親同士の関係 　（①不満型，②支配服従型，③同調型）

深刻化

虐待が深刻化するメカニズムをとらえる3つの視点
(家庭裁判所調査官研修所監修，2003を改変)

　実は，子育てという無意識に行われる親子の世代間伝達の中でも似たような性質のものがある。親がわが子をきつく叱っていて，子どものころの自分がとても嫌だったはずの親の行動を同じようにしていることにハッとするのもその例である。親から子どもへの虐待が繰り返されるという世代間伝達の恐れは，アメリカの研究でも取り上げられているように，先進諸国で多く見られる現代社会の深刻な問題になっている。

れたかが，その後の人生にも影響を与えると考えた。たとえば，リビドーが，発達途上のある特定の段階にとどまってしまうことを「固着」という。口唇期への固着とは，乳幼児期の段階へ精神がとどまるか退行していることをいう。

エリクソンの発達段階説　アメリカの精神分析家エリクソンは，フロイトの精神分析論に学んだ後，自我形成への心理社会的要因の影響にも着目した。

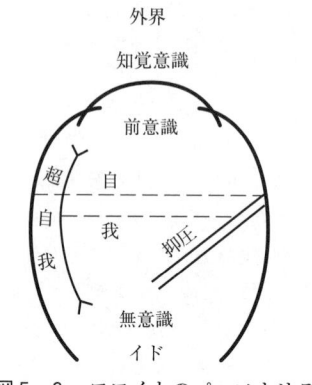

図5-3　フロイトのパーソナリティ構造（Freud, 1933）

彼はライフサイクルの観点からとらえて，人生を8段階（乳児期，幼児期前期，幼児期後期，児童期，青年期，前成人期，成人期，老年期）に分けて考えた（第2章参照）。そして，それぞれの段階で，社会から課せられる発達課題を，個人がどのように乗り切るかによって，パーソナリティのあり方が決定されると考えた。個人の一生にわたる8段階それぞれで，内面的な欲求と社会からの要請の間に起きる葛藤を伴った心理社会的危機の体験が，自我に新たな資質を加えていくのである。全段階を通じてのテーマは，青年期の発達課題として強調されている「自我同一性の確立」—自己とは何者か，自分の人生の目的は何か—である。人生における各段階の発達課題は，「これが自分である」という「自我同一性の確立」のテーマを中心に相互に密接に関連している。

（2）適応への支援

1）発達過程にある子ども

子どもの姿を，発達という長い道のりの中での一コマとしてとらえると，一時的な退行，孤立，多動のような現象は，どの子どもにも生じる可能性がある。ある時点，ある側面のみにとらわれてしまうと，その行動への対処に困り果て，

■キーワード■　固着　エリクソン→p.184　ライフサイクル→p.192
発達課題→p.190　自我同一性→p.187

コラム12：子どもへの期待─ピグマリオン効果─

「ピグマリオン効果」とは，「教師期待効果」とも呼ばれ，教師が抱く期待が生徒の学習効果に影響を及ぼすこと，つまり，教師が期待している子どもの成績は，そうでない子どもの成績より向上しやすいという現象をさす。

もともとは，自分が創った彫刻に恋をしたキプロスの王ピグマリオンが，その像が生身の女性に変わることを切望し，ついには願いがかない結婚したというギリシャ神話に基づいて命名されている。このことばの命名者であるローゼンサール（1968）は，次のような実験を行った。

小学校1～6年生を対象に「躍進的学習能力予測テスト」（中身は知能検査）を実施し，その結果とは無関係に各クラスから20％の子どもを選び（実験群），担任教師に対して「この子どもたちは，テストの結果から見て，急速に知的能力が伸びると予測される」という偽の情報を与えた。そして，8ヵ月後に以前と同じテストを実施した。その結果，知的能力が伸びるという予測が教師に伝えられた子どもは，そのような予測を伝えられなかった子ども（統制群）に比べて，検査成績の伸びが大きかった。また，この傾向は低学年の子どもほど顕著であった。

さらにブロフィら（1970）は，この効果が教師のどのような働きかけによって生じるのかというメカニズムについて研究している。彼らは，教師の期待の高い子どもとそうでない子どもでは，授業中の教師と子どものやりとりに大きな差があることを明らかにした。

すなわち，期待の高い子どもは，教師から指名される回数が多く，正答に対しては賞賛され，誤答に対しては寛大に扱われることが多く，子どもが挙手したり，発言したりする回数も多かった。つまり，教師が期待に基づいた働きかけを子どもに行うことにより，子どもの反応もまた期待に近づいたものになっていくのである。

「期待された子どもは伸びる」ということは，言い換えれば「期待されない子どもは本来の能力を発揮できないかもしれない」ということを覚えておいてほしい。低学年の子どもほど効果が大きいというのなら，これが乳幼児であればその影響はさらに無視できないものになるであろう。

ただし，いくら「期待」をもっていても，心の中の期待を頑張りの強制や結果への叱責で表現していては子どもの重荷になるだけである。周囲の大人が，子どもへの期待を，素直に，勇気づけることばや喜びの表現で表し，子どもを大切に思っていることが伝わった時にこそ，子どもは，自信をもって自らの力を最大限に発揮しようとするのではないだろうか。

病理的な現象ではないかという心配から，問題行動として見えることがある。しかし，子どもの発達過程は，常に環境に適応していくための変化と不安定さをはらんでいる。したがって，子どもの行動の検討とは，慎重さ，冷静さとともに，時間的に空間的（場面的）に大きな展望・視野をもって行われていくことが望まれる。

　子育て支援では，子ども自身の生得的な要因（気質，欲求不満の耐性，適応機制の機能など）と，親子関係（および親子をとり巻く関係を含む）など環境的な要因との相互関係の調整も重要な課題となってくる。

2）自発性，創造性

　子どものはつらつとした自発性の高まった行動が，創造性・独自性に富んだ行動に見えるか，問題行動に見えるかの違いは，子どもの住んでいる周囲の世界との関係によって左右されることが多い。自発性は，すでに決められている枠組みにとらわれずに，感じたり考えたりする行動力を高めていく。しかし，自由な気持ちをもって他者や周囲との関係の中で行動するには，柔軟な状況判断能力も求められる。したがって，まだ成長途上にある子どもの自発性を生かすためには，周囲からの適切なサポートが重要になる。子どもの行動が，周囲の世界の中で肯定的に受け入れられると，子ども自身も情緒が安定し，他者との繋がりの中で，自発的な行動が活発に行われるようになる。

　さらにその行動が，創造的な行動・活動として発展していくには親や保育者など子どもの環境を調整できる大人が，発達の道筋をともに見つめながら，環境を調整することが大切である。このようにして，他者に支えられながら自己を生かし生かされていく体験の積み重ねによって，子どもは自発的・自立的に振る舞う楽しさを学び，やがて，自ら，周囲の世界と調和しながら自己実現していくための力を蓄えていくのである。

第6章
人間関係と社会化

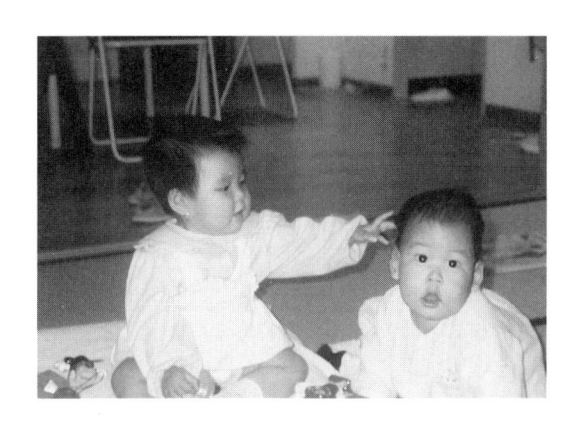

　乳幼児期は人間関係の基礎が培われる重要な時期である。この時期の子どもたちが，両親やきょうだい，仲間など，周囲の人々とどのような人間関係を形成できたかが，将来の社会生活への適応過程，すなわち，社会化の過程に継続的な影響を及ぼしていくと考えられている。
　たとえば，思春期以降から増加する人間関係にまつわるさまざまな障害や問題行動の原因が，乳幼児期や児童期の環境に見いだされることも少なくない。
　そこで，本章では乳幼児期から児童期にかけての人間関係形成に影響を及ぼすさまざまな要因，そして，この時期の人間関係が社会化の過程にどのような影響を及ぼしていくのかについて学習する。

1. 人間関係の中で育つもの―人間関係の芽生え―

1) 生命の誕生

「赤ちゃんはどこからくるの？」という子どもの問いに，大人は「コウノトリが運んでくるんだよ」などと答え，人間の出生について直接的に伝えることを避ける時代が長かった。

しかし，最近は幼児向けの絵本にまで，人間の誕生と性の営みについて扱ったものが登場するようになった。一人の男性と一人の女性の出会いがあり，新しい生命が誕生する過程は，人間の存在そのものが他者とのかかわりなしにはありえないことを示唆している。命の誕生の過程をありのままに子どもたちに伝えようとする試みは，人と人との出会いとつながりの中に誕生した命が大切に育まれてきた過程を知らせ，自分も他者もかけがえのない存在であることを伝えようとする試みでもある。

2) 母子相互作用

母体の中で約10ヵ月間（約280日）育まれた人間の赤ちゃんは，出産によって初めて外界と対面する。乳幼児にとって母親とのかかわりは，人生で最初の対人関係となる。

1960年代以降，誕生直後の新生児が，視覚，聴覚などの感覚能力をはじめ，さまざまな能力をもっていることが次々に確認されてきた。最近発見された能力の中には，生まれたばかりの赤ちゃんを母親のおなかの上に置く（カンガルーケア）と，自分の力で母親のお乳を求め，全身をもぞもぞと動かして，自力で母親の身体をよじ登り，目的の乳首まで到達しお乳を吸うというものがある。この行動は生後2時間以内に発現・消失するといわれている。

また，それまで，一方的に世話を受けるだけの全く受け身な存在ととらえられていた乳児が，実は自ら環境に働きかけ，環境を変化させる力を発揮してい

■キーワード■　カンガルーケア→p.184

ることも明らかになってきた。

　たとえば，子どもの泣き声は母親の注意をひくのみならず，実際に母乳の分泌を促す。また，授乳中に，新生児が定期的に吸飲を休むという行動は人間だけに見られるものであり，この行動が，母親から子どもへの声かけや，ほおを軽くつつく行動を誘発することも知られている。吸飲と休止，母親の働きかけという行動は二人の人の会話のように交替反応というリズムをもっている。類似した相互のやりとりは，見つめ合ったり，声をかけあったりという行動にも見られ，社会的相互作用の原型と考えられている。

　このように子どもは自ら母親に働きかけることにより，母親の反応を引き出し，人間関係を結んでいこうとする潜在的な力をもっており，母子相互作用の開始と終結は子どもの側の自律的なリズムに従う傾向がある。

　子どもからのシグナルに敏感な母親は，子どもの活動を的確にとらえ，自分の行動を子どものリズムに合わせる。母親の適切な反応は子どもの行動を活発化させ，さらに積極的な反応を引き出し，子どもの社会的な欲求を満足させることにつながっていく。

　母子相互作用が成立することが困難であるとすれば，1つは子どもの方が，なんらかの要因で適切な行動を起こすことができない場合，そしてもう1つは，母親が子どものシグナルをとらえることができず，また適切なタイミングで反応を返すことができない場合が考えられる。

　親子のコミュニケーションがうまく成立しない時，従来は，母親の養育行動の問題ばかりが指摘されることが多かったが，母子相互作用という観点からとらえると，それだけが原因ではないということがわかる。

　乳幼児にかかわる保育者は，母親同様，子どもからのさまざまなシグナルを敏感にとらえ，相互交渉を行っていくことが求められる。また，相互交渉がうまく成立しない母子については，原因を問題にするよりも，関係を改善するための具体的な働きかけについてアドバイスしていくことが必要である。

■キーワード■　交替反応　社会的相互作用　母子相互作用

2. 人間関係の広がりと環境

(1) 家　　族

1) 家族と家庭

通常，人は家族の一員として生まれ，一生の大半，「家族」を生活の基盤として過ごす。

森岡（1997）は家族を「夫婦，親子，きょうだいなど小数の近親者を主な成員とし，成員相互の深い感情的かかわりあいで結ばれた幸福追求の集団である」と定義している。

その家族が生活の拠点としている場を家庭と呼ぶ。

2) 家族の機能

それでは，家族はどんな役割を担っているのであろう。大橋ら（1976）は，家族の機能を成員個人に対する対内的機能と社会全体に対する対外的機能との二面から分類している（表6-1）。

これによると，家族は多くの社会的な機能を担っている。アメリカの社会学者パーソンズは，家族の機能として「子どもの社会化」と「成人のパーソナリティの安定」の2つを挙げている。

このような家族の機能は，時代と共に変化しつつある。表6-1にある派生機能として挙げられている教育，保護，娯楽，信仰などの中には，家族に頼ることが困難になっているものも多いのが現状である。

それでは，教育心理学という視点から家族の役割を考え，家族の成員がその人の発達に与える影響を考えてみよう。

通常，母親や父親が子どもの主たる養育者であるため，子どもはその影響を最も強く受ける。影響を受けるというよりは，養育者の姿を自分の中に取り入れ，自分を形成していくと考えることができる。つまり，父親や母親の行動は

■キーワード■　家族

表6-1 家族機能の様態（大橋ら，1976）

次元	対内的機能 （成員個人にたいする）	対外的機能 （社会全体にたいする）
固有機能	性・愛情	性的統制
	生殖・養育	種族の保存 （種の再生産）
基礎機能 （経済機能）	生産・就労	労働力再生産
	消費・扶養	生活保障
派生機能	教育	文化伝達
	保護	（心理的/身体的） 社会の安定化
	休息	
	娯楽	（文化的/精神的）
	信仰	

子どもたちが取り入れる行動の最初のモデルなのである。幼児のままごと遊びやごっこ遊びは，母親や家族の生活をそのまままねて行うことが多い。また，子どもはいちばん身近な，いちばん愛着を感じる同性（父親や母親など）のようになりたいと感じ，その行動を取り入れようとする同一視という心理的な働きをもっている。

3) 愛着の形成

前項でも述べたが，家族の中で大きな影響力をもつのが母親とのかかわりである。母親に抱かれている間，温かい胸の中でおなかいっぱいになるまでお乳を飲み，オムツがぬれて不快になれば交換してもらい，不安になって泣けばすぐ助けにきてくれる。そうした，自分に十分な満足を与えてくれる誰よりも頼りになる，安心できる母親の存在が子どもの愛着行動を育む。愛着（アタッチメント）とは，乳幼児期に基本的な欲求を満たしてくれる人（主に母親）との間に生まれる，感情的（大好き，安心），社会的結びつき（お母さんと一緒がいい）のことをいう。第1章で述べた「人見知り」や「後追い」は，母親を他者と明確に区別する代表的な愛着行動である。

■キーワード■　同一視→p.189　愛着行動　愛着→p.183　人見知り　後追い→p.183

ウィーン生まれの児童精神分析医スピッツは，乳幼児の微笑に着目し，その変化から社会性の発達を検討している。そして，微笑反応の発達を自発的・反射的微笑の段階（約5週目まで），無選択的な社会的微笑の段階（4週から5週の終わり頃まで），選択的な社会的微笑の段階（13週から14週頃から）の4段階に分類している。この微笑反応は，母子間の相互作用を増大させ接近を持続させるともいわれ，特に生後3ヵ月前後に出現する社会的微笑反応が人間関係の基礎となる。

ただし，ここでは，主な養育者が母親であることが多い日本の現状を踏まえ，母親の役割を重視した表現をしてきた。しかし，これは必ずしも生物学的な母親でしかできないことではないと考えられる。父親，養子縁組をした家庭における親など，生物学的な母親以外の主な養育者と愛着関係を形成し，それを基盤としてさまざまな能力が育っていくこともあり得る。

4）父親との出会い

それでは，母親以外の家族の影響はどうであろう。母子関係に関しては古くから研究の対象となってきたが，父親との関係については1970年代になってから主に西欧において注目されるようになった。ラムは，父親の役割を母親の機能を補助する二次的なものとしてとらえず，乳幼児は父親にも愛着行動を向け，特別な関係を作り上げる重要な存在であることを明らかにしている（図6-1）。

日本においては，第二次世界大戦を境に父親像が大きく変化した。父親を家族の中心とした「家父長制」のもとでは，父親は実際に子どもに

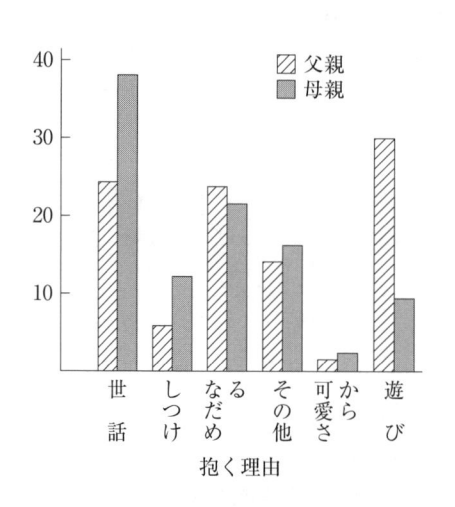

図6-1 父親および母親の乳児を抱く理由
　　　（Lamb, 1976）

■キーワード■　微笑反応　父親

かかわることは少なくとも，社会的規範を示し，教育的な方針の決定権と責任をもつものとしての大きな存在感があった。具体的な父親像としては「よほどのことがないかぎりしからないが，恐ろしかった」とか「がんこ者だが，頼もしかった」というものである。しかし，戦後の父親像は「一緒に遊んでくれる」「気軽に相談相手になってくれる」というものが多く，母親との役割分担が曖昧になってきている。

帰宅時間が遅く，母親に比べ圧倒的に子どもと接する時間が少ない父親の場合，父親独自の存在感を示すことができないと，母親と子どもの密接な関係からはじき出されてしまうということが起きる。これは，母親と子どもにとっても決して望ましいことではなく，父親と母親が互いに支え合い，家族全体が良好な人間関係を築いていくために連携し合うことが必要である。

5）きょうだいとの出会い

依田（1990）は，親子をタテの関係，友だちをヨコの関係とするならば，その両方の特徴をもつ，ナナメの関係がきょうだい関係であるとしている。ナナメの関係はタテの関係とヨコの関係の双方の特徴をもったものと考えられ，双方の関係の練習場所であると言っている。

まず，タテの関係について見てみると，多くの場合，年長のきょうだいは，弟妹に対して，「養育者」としての行動をとる。2歳以下の子どもでさえ，弟妹の出生に興味をもち，赤ちゃんが泣いていることを母親に知らせようとしたり，なんとかなだめようとする行動が見られる。また，年下の子は，一般的に親を対象として行われる同一視を，兄姉に対して行うことがある。

ヨコの関係についてみると，きょうだい間の相互交渉は，弟妹が6ヵ月ごろになると生じ，注視，喜び，興奮，興味の共有が認められる。興味の共有は敵対行為に結びつくことも多く，おもちゃの取り合いや，分配行動，優先順位をめぐっての葛藤を引き起こす。

きょうだい関係は，社会的な人間関係スキルを学ぶための格好の練習場所となり，さまざまな感情を体験する機会を与える一方，適切な配慮に欠けると劣

■キーワード■　きょうだい関係

等感や嫉妬心を増幅する可能性ももっている。

　近年，保育の場でも「異年齢保育」を取り入れることにより，家族の中の，きょうだい関係と同じような関係を作り出そうという試みが広がっている。その場合にも，保育者は子どもたちの自発性を損ねず，子どもたち自身が，有意義な人間関係を作って行けるような援助の方法を考えていかなければならない。

（2）仲間関係

1）仲間と友だち

　子どもは家族の関係を基盤としながら，外の世界へと人間関係を広げていく。家族以外の最も身近なものが友だち関係である。仲間とは，同じ地域や学級といったつながりをもつ子どもどうしの関係をさし，友だちとはその仲間のなかでもとりわけ親しい関係にあるものをさす。

2）仲間との出会い

　かつては仲間との出会いといえば学齢期であったが，保育所における乳児保育の拡大に伴って，現代は乳児から仲間と出会い，家庭で過ごす時間よりも仲間と過ごす時間の方が長い子どもが増えている。

　乳児の仲間とのかかわりは一緒に生活をする者としての存在で，共に遊ぶというよりそれぞれに遊んでいる（ひとり遊びや平行遊び）状態が多い。しかし，乳児どうし，何もかかわり合いがないかといえばそうではない。泣いている子がいれば近くに寄って行き，頭を触るなどの触れ合い行動をしたり，友だちのおもちゃを取って泣かれれば，困惑の表情でその子の様子をうかがいながら遊んだりする。

　パーテンは，2歳から5歳までの遊び場面での社会的交渉形態を，①何もしていない行動，②ひとり遊び，③傍観，④平行遊び，⑤連合遊び，⑥協同遊びの6つに分類し，年長になるにつれ①から⑥に遊び方が広がっていくとしている（図6-2）。遊び方の広がりは人間関係の広がりでもある。

■キーワード■　異年齢保育　友だち関係　仲間　パーテン

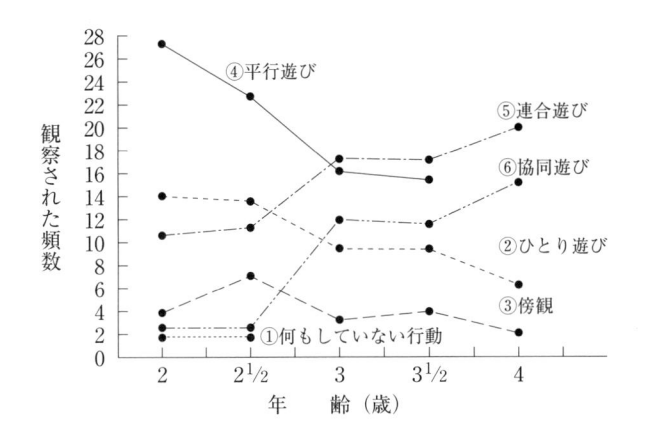

図6-2　遊びの類型の発達（Perten，1932より作成）

3） 親からの自立と仲間関係

　小学生になるとルールが共有できるようになり，ルールのある自発的な集団行動が可能になる。何人かの友だちと同じような行動（同調行動）をとることにより，「同じことをするのが友だちである」という絆が生まれる。小学校中・高学年のころは「ギャングエイジ」と呼ばれ，仲間集団が急速に発達し，仲間どうしのつながりが最も強くなる時期である。3～10人程度の仲間集団を形成し，秘密基地を作ったり，交換日記をしたりということが見られる。大人からの支配を受けない子どもだけの関係は，親からの自立を果たすためには重要なプロセスである。しかし，これらの仲間関係，友だち関係の深まりが，いじめや仲間はずれといった問題行動の発端となる場合も生じてくる。
　そして，青年期になり，さらに仲間や社会との関係が深まり，親の保護からの自立が進む。「自分は何者なのか」というアイデンティティの確認が行われ，仲間や友だちはさらに重要な存在となってくる。

■キーワード■　同調行動→p.189　ギャングエイジ→p.185
アイデンティティ→p.183

（3） 集団の形成

1） 集団とは

　私たちは最も小さな集団である家族を基本とし，また学校，職場，地域，といった集団の中で生活を営み社会を形成している。「集団」とは，そのメンバー間で相互作用が行われ，互いに影響し合う人々の集まりである。また，私たちが日常生活で出会う人々，たとえば電車やバスの乗客などは「集合」と呼ばれる。「集団」と「集合」は区別され，集団は次のような特徴をもっている。

　① 集団目標……メンバーが協力することによって達成可能な共通の目標をもっている。

　② 相互作用……目標達成のためにメンバー間で頻繁にコミュニケーションが交わされる。

　③ 集団凝集性……各メンバーがその集団に対して魅力を感じており，集団としてまとまりをもっている。

　④ 集団規範……メンバーの態度や行動を規制する規範が形成され，メンバーがそれに従っている。

　⑤ 集団構造……メンバー間に地位―役割の分化がみられ，それが全体として統合されている。

　⑥ われわれ感情……メンバーの間に仲間意識や連帯感が生まれ，自分たちの集団を他の集団と区別しようとする。

　このような特徴をより多くもつ集団は，集団として十分に機能し，メンバーからも高い満足を得られるものとなる。また，十分に機能している集団には有能なリーダーが存在していることが多い。

　子どもが社会性を獲得するためには集団とのかかわりは必須であり，機能的な集団に所属し，自分を生かすさまざまな経験を経ることにで，より豊かな人間性を育てることが可能になる。

■キーワード■　集団　集合

2) 集団の中の人間関係

それでは，子どもたちは家族以外にどのような集団に所属し成長・発達していくのであろうか。

「公園デビュー」ということばが，一時，育児雑誌などで盛んに取り上げられた。それは，乳幼児期の子どもをもつ母親が初めて公園に子どもを連れていくことを意味し，子どもにとっては，同年代の子どもたちとの初めての出会いである。子どもたちが出会う集団は，最初，親のネットワークに左右され，親の人間関係のもち方により子どもの人間関係も，その集団での立場も変化してしまう。つまり，親の影響を受ける可能性が非常に高い。

そして，次に所属する集団が保育所や幼稚園である。乳幼児は自分から集団を形成する力が未熟なため，保育者や保護者の力を借りながら，学級集団や仲間集団に適応しながらしだいに自分自身で集団（仲よしの仲間）を形成することができるようになる。さらに小学校，中学校といった学校社会に入ると，また集団が再編成され，新しい人間関係を築いていくのである。

3) 所属集団の文化と発達

より大きな視点で集団をとらえれば，私たちは日本という国の集団のメンバーとしてその文化の影響を強く受けながら，人間関係を広げていく。すなわち，生活習慣，ことば，食べ物などすべてにわたって私たちは日本という国の文化の影響を受けている。日本人として日本語を話せるのは，日本人の人的ネットワークに所属して成長・発達したからである。このように，人が育つ過程で出会う，人的・物的環境要因としての所属集団がその人の育ちに大きく影響を与えるのである。

東（1994）は，日本とアメリカのしつけの文化差を調査している。しつけとは，子どもが成長・発達する際に養育者から行われる意図的な働きかけのことであるが，文化によりいくつかの相違があることがわかっている。

ある人を説得しようとする時，アメリカでは親の権威を，日本では気持ちや結果をその根拠とすることが多いといわれている。また，日本人は人と違うこ

■キーワード■　公園デビュー　しつけ

とより，人と同じことに重きを置くが，欧米では個性的であることや人と違っていることが重要であるとするなど，文化によって，しつけの方法や子どもに求めるものが大きく異なる。子どもは，家族，住んでいる地域，国といった社会集団の中で，さまざまな影響を受けながら人格を形成していくのである。

3. 遊びと人間関係

(1) 遊びとは

1) 遊びの意義

遊びは人間の成長・発達・社会化の過程に重要な役割を果たす。とりわけ，乳幼児期の遊びは大人の遊びとは区別され，学習の場として重要である。

旧ソビエトの心理学者ヴィゴツキーは，遊びと発達の関係について「遊びは発達の源泉であり，発達の最近接領域をつくりだす。想像的場面，虚構的場面での行動，随意的企図の創造，生活のプランや意思的動機の形成など，これらすべては，遊びの中で発生し，子どもを発達の高い水準に引き上げる」（広瀬訳，2002）とその重要性を強く指摘している。

2) 遊びの分類

乳幼児期の遊びは以下のように分類できる。

① 感覚遊び……自分の身体感覚を働かせて楽しむもので，乳児における指しゃぶりをはじめ，ガラガラを鳴らしたり，たいこをたたいて楽しむ，風車を見て喜ぶといったもの。

② 運動遊び……手足や身体の運動を楽しむ遊び。ブランコや三輪車をはじめ，なわとびをしたり，のぼり棒を登るなど，徐々に高度な協応動作やバランス感覚を必要とする遊びに発展する。こまやお手玉などの道具を使った遊びも含まれる。

③ 想像・表現遊び……周囲にある生活を模倣し，想像力を活発に働かせて

楽しむ。見立て遊びやままごと遊び，ごっこ遊びなどにはじまり，高度な役割分担や，イメージの共有を必要とする劇遊びなどに発展する。

④　構成遊び……いろいろなものを組み立てたり，作り出したりして楽しむもので，積み木，ブロック，折り紙，粘土遊びなど。描画活動は構成遊びの1つと考えることができる。

⑤　ゲーム遊び……カルタやトランプ，すごろく，オセロなどの定型的なルールのある遊び。鬼ごっこやドッジボールは運動遊びの要素とゲーム遊びの要素を併せもっている。

⑥　受容遊び……映像や絵，物語を見たり聞いたりすることにより，想像力を働かせ楽しむもので，紙芝居や絵本，テレビ，映画を見たり，素話を聞く，人形劇を鑑賞するなどである。

(2) 遊びの発達理論

乳幼児期の遊びは子どもの生活の大部分を占めるものである。そして，この時期の遊びは子どもの認知能力と社会性の発達に非常に大きな影響を与える。ここでは，子どもの社会性の発達と遊びという視点から，イタリアの女性医師モンテッソーリとヴィゴツキーの理論の一部を紹介して，乳幼児期の遊びについて考えていきたいと思う。

1) モンテッソーリの理論

モンテッソーリは子どもの遊びについて「自然が子どもに課した宿題」として，その宿題を自分で成し遂げることの意義を自立という視点から強調している。

そこでモンテッソーリは，運動器官と感覚器官の発達という観点から乳幼児の遊び（活動）をまとめている。たとえば，1歳半は足の発達とともに手の発達が目覚しい時である。それらの運動器官の発達に伴い，感覚器官の発達も同時に起こり，何でもやりたい，最大限の努力を払って実行したい，熟達したい，克服したいと考え，何でも触り，舐め，確かめる。その子どもの自立への憧れ

■キーワード■　モンテッソーリ→p.*191*

を満たすために，落す，はがす，入れる，摘む，開け閉めをする，移す，運ぶ，押す，転がす，並べるなどの基本的な活動を心ゆくまで遊びの中で行わせることが重要であるとしている。この時期には，大人から見ればいたずらととられる行動も子どもにとっては必要不可欠であり，大人はその困難を乗り越えることを見守り，励ますことが大切であるとも言っている。

また，運動器官の発達を促す行動として，歩く，走る，飛ぶ，登る，ぶらさがる，回る，ける，投げるなどの全身を使った動きを重視した。そして5，6歳になったときに手や目を駆使して遊ぶことができるようになるには，3歳までのこのような活動をどれくらい行ったかが大切であると述べている。

2) ヴィゴツキーの理論

一方，ヴィゴツキーは子どもの遊びを社会的相互作用という視点から重視し，文化的創造は遊びの中のやりとりから始まり，それが後に個人的な活動の中で機能し，想像力や創造力を育むと考えている。たとえば，赤ちゃんの遊びは，主に大人との情動的な交流によってなされる。乳児前期の子どもは大人の話しかけに動いたり，笑ったり，発声で応じる。しかし，乳児後期になると，単に大人の働きかけに応じているだけではなく，予測を伴う相互関係的な遊びを楽しむようになる。「いない，いない，ばー」を大人相手に何度も繰り返したり，「おつむてんてん」など，要求された動作を相手が喜ぶのを期待して繰り返し行うことが見られるようになる。

また，ヴィゴツキーは子どものごっこ遊びを例にとり，役割遊び，ルールのある遊びの重要性とその発達について述べている。1歳児のごっこ遊びは動作やことばをそのまままねることで，これは単なる模倣である。2歳児になって初めて，ごっこ遊びの萌芽があるとしている。2歳児になると，泣いている友だちのところに行って，頭をなでて大人が慰めるまねをしたり，注射を打つまねをしながら，互いに「注射痛いね」「痛い，痛い」と言い合ったり，生活を見立てた遊びを楽しむようになる。ことばの発達により，相手とのやり取りの中でイメージを共有した見立て遊びが生まれたのである。これを「まじめなご

■キーワード■　社会的相互作用

っこ遊び」とヴィゴツキーは呼んでいる。そして，3歳以降になり虚構場面を想像し，役割になりきって遊ぶ，ごっこ遊び＝役割遊びができるようになる。この役割遊びには，交代，順番，次は何といった一定のルールが含まれており，「ルールのある遊び」とも言われる。

さらに，ヴィゴツキーは「遊びは学習や仕事のように目的達成のために行われるのではなく，自発的に始められる自由な活動である」として子どもの自発性を特に強調している。

（3） 学童期の遊び

学童期に入ると遊びの種類が大幅に増え，その種類は500種類にも及ぶ。子どものころにやった遊びを思い浮かべてみよう。缶けり，かくれんぼ，なわとび，鬼ごっこ，ゴム段とび，メンコ，カルタ遊び，ドッチボール，サッカー，野球などを思い出すことができるだろう。

中でも頻度の高い遊びは，男子では野球やサッカーなどの身体を動かす活動的な変化のある遊び，女子では運動でも全身を動かすというよりは，なわとびなど細やかで巧みな動きが要求されるものが好まれるようである。児童期の遊びに共通した特性を以下に挙げる。

(1) 身体的な運動を主としたものであること。
(2) いろいろな遊び方があって融通性に富んでいること。
(3) 集団的な遊びであって，メンバーがいろいろな役割をもっていること。
(4) 遊びの基本的ルールはあるが，その枠の中でメンバーが合意すれば自由にルールを変更できる余地があること。

児童前期では，比較的単純な運動中心で少人数の遊びが多いが，児童後期になると組織的な運動でも細やかな巧みさも必要とされる多人数で行う団体競技的な遊び，スポーツの要素を多く含んだ遊びが好まれる。

4. 道徳性と向社会的行動の発達

(1) 道徳性を育てる

1) 道徳性とは

道徳性とは，一般に，自分が所属する社会集団の善悪の基準に基づいて自分や他人の行動を判断することであり，また，その基準に基づいて行動しようとする傾向である。

平成11(1999)年の「学習指導要領解説道徳編」で道徳性は，「人間としての本来的な在り方やよりよい生き方を目指してなされる道徳的行為を可能にする人格的特性であり，人格の基盤をなすものである。それはまた，人間らしいよさであり，道徳的諸価値が一人一人の内面において統合されたものといえる」と定義されている。

そして，心理学では，道徳性を行為に対する内在化されたコントロールと見なす考え方があり，直接的に他者からの賞罰が生じない状況でも，内在化された道徳的な感情，判断，態度により，所属する集団に期待される行動を行えることとしている。

いずれのとらえ方においても，人間が所属する社会集団に適応して生活していくためには，道徳性が不可欠のものであると考えられている。

2) 道徳性の獲得

道徳性は，他者とのさまざまな体験を通して学習されていく。子どもが，周囲の人とのかかわりを通して，その社会集団において，何が正しくて，何が正しくないのか，人間らしく幸福を追求して生きる権利（人権）を尊重し，互いに支え合っていくための価値観，思考力，判断力や行動様式を身につけていくことが道徳性の獲得といえる。人に迷惑をかけたら謝る，困っている友だちがいたら助けようとするなどの行動は，人とのかかわりの基本となる道徳性の現

■キーワード■　道徳性

れである。

　平成10(1998)年の「幼稚園教育要領」，そして平成11(1999)年の「保育所保育指針」の改訂によって，乳幼児期に道徳性の芽生えを培うことが強調された。つまり，道徳性の芽生えは乳幼児期の生活の中にあり，親子関係を基本としながら集団社会である幼児教育の場でも育てられるものととらえられている。

(2) 道徳性の発達理論

　道徳性の発達について，その基本となるピアジェの理論とコールバーグの理論を中心に紹介する。

1) ピアジェの理論

　ピアジェは，幼児期から児童期，青年期にかけての道徳性を2つの段階に分けている。第一段階は道徳的現実主義と言われ，4歳から10歳までの段階である。この段階の子どもは知的発達により自己中心的思考から少しずつ脱して他者の基準に従えるようになるが，その基準に対して，まだ柔軟には考えることができない。規則はあくまで規則で，それに従わないことは悪といった紋切り型の判断をする段階である。

　以後，子どもは道徳的相対主義の段階（自律的道徳性または協力的道徳性とも言われる）になり，認知の発達とともに柔軟に考えられるようになる。規則は人が作ったものであり，人間としての権利や義務の中で成り立つ人間関係にとって必要なものが規則であるといったように理解できるようになる。したがって，集団のメンバーの同意があれば，規則を変更することも可能であるという考え方ができるようになる。

2) コールバーグの理論

　その後，このピアジェの理論を発展させたアメリカの心理学者がコールバーグである。コールバーグの示した理論は道徳性の発達を3つの水準と6つの段階で示している。

　それによると，水準1は前道徳的（前慣習的水準）と呼ばれ，その第一段階

■キーワード■　幼稚園教育要領→p.192　保育所保育指針→p.192
ピアジェ→p.191　コールバーグ→p.186　自己中心的思考→p.187

は罰を受けることを避け，大人などの権威に従う段階である。この段階にある子どもは，しかられるなどの罰を受けることはやらない，ほめられることはやるなど，大人の示す賞罰に従順である。罰を受けることはいけないこと，ほめられることは良いことという発想から善悪を判断する傾向にある。第二段階は，自分の損得を重視して道徳的な判断を行う段階である。この段階にある子どもは，結果的に自分が得をすること，自分の欲求がかなえられる場合は道徳的な行動をすることができる。ギブアンドテイクの発想であり，自分が優しくすることにより，自分も優しくされると考えられる場合は，優しく振る舞うことができる。

　水準２の慣習的水準は，第三段階で他者に同調し「よい子」であると認められるかを重視した道徳的判断を行う。「みんなからいやな人と思われたくないから」などの発想から，道徳的行動を行うことができる。第四段階は規則や秩序を意識し，それを維持したり，志向したりすることを重視する段階である。「学校の規則だから」や「みんなで決めたことだから」などの発想から，道徳的行動をすることができる。

　水準３は，自律的，道徳的原理による判断の水準である。第五段階は，規則を尊重しながらも，同時に個人の権利も重視する段階である。社会を維持するために定められた規則を守ることは大切であるが，それにより個人の権利が侵害される場合は，規則の柔軟な運用や，正しい手続きによる規則の変更も可能であるという発想ができる。単に「きまりだから」という発想でなく，ルールについて柔軟な思考が可能になる段階である。第六段階は，自分の所属する社会の規則を超えた，より普遍的で，本質的な観点から道徳的判断が可能になる段階である。道徳的問題について，人としてどうか，哲学的にどうかという発想から判断する段階である。

　以上のように，道徳性は成長発達の段階で知能や認知の発達とも関連しながら，その段階で出会う規範を伝える大人，その規範のモデルとなる人間，認知的葛藤を生じさせる対等な仲間との経験などさまざまな人間関係がその人の道

徳性を培うのである。

（3） 向社会的行動

1） 向社会的行動と愛他的行動

　向社会的行動は，社会の役に立つ，ためになる行動で，思いやり行動などの愛他的行動を含む。ただし，愛他的行動は全く報酬を期待しない点に特徴があるが，向社会的行動は報酬や利己的な目的の有無を問わない。ウィスペ（1972）は，これまでの向社会的行動に関連のある研究を分析し，愛他心，同情，協力，援助行動，手助け，寄付行動という6種類の向社会的行動が認められるとしている。

2） 思いやりと共感性

　思いやりとは，自分以外の他者を自分のことのように思う心情であり，愛他的行動の中でも相手の身になって，相手を援助する行動が思いやり行動である。この「相手の身になる」とは，相手に共感するという感情の働きが必要となってくる。この感情の働きを共感性と呼ぶ。

　この共感性についてホフマン（1981）は，愛他的行動の重要な動機づけの要因であると述べている。さらに，共感性の発達について大きく4段階に分類し，乳幼児期の最も身近な世話をする人との関係が基盤になることを強調した。

　その分類によれば，第一段階は生後1歳未満で，自他の区別はまだ未分化であるため，人が泣けば一緒に泣いてしまうというレベルである。第二段階は生後11, 12ヵ月（約1歳）からで，他者の存在を認知できるようになり，同じような気持ちになるが，泣いている子どもがいることを母親に知らせるようになる。第三段階は2, 3歳からで，他者の存在がかなり明確になり，自分の気持ちと他者の気持ちは同じではないことがわかるようになる。つまり，一緒になって泣くことはせず，他者の気持ちとして認識し，その状況で自分の行動を選択できるようになる。困っている友だちに，何か貸してあげる，譲ってあげるなど少しずつではあるが，相手に共感して自分で行動できるようになってくるので

■キーワード■　向社会的行動→p.186　思いやり　愛他的行動→p.183　共感性

ある。第四段階は8-12歳からで，この年齢になって大人と同様な共感性が発達し，いろいろな人の状況とその感情を理解でき，行動に移せるようになる。

以上のように，共感性の発達は段階的であり，この共感性の発達に伴い，人を思いやる行動，そして愛他的行動も育っていくものなのである。

乳幼児をもつ親たちに「どんな子どもに育って欲しいですか」と尋ねれば，ほとんどの母親，父親は「やさしくて，思いやりのある子ども」と共感性や思いやり行動，さらに愛他的行動の発達を願っていることが推察できる。しかし，先に述べたように乳幼児期は自分の感情と他者の感情が区別できず，相手の感情に巻き込まれてしまうといった発達段階のため，大人が期待するような共感的な行動がとれないことも多い。共感性が人を思いやる行動，愛他的行動へとつながっていくためには，やはり母親や父親，そして身近な保育者や大人たちのモデルとなる行動がとても重要になるのである。そして，大人たちのかかわりに加え，乳幼児期から学童期に，子どもたち自身が子どもどうしのかかわりの中で，どのような経験を積み重ねていくかが思いやりの発達には重要なのである。

3）けんかと思いやり

子どもがけんかを始めると，すぐに止めに入る保育者がいる。けがでもしたら大変ということらしい。少し乱暴な言い方ではあるが，けんかも思いやり行動を育てる重要な経験なのである。相手の激しい感情を目の当たりにして，自分の行動を選択しなくてはならない。自分の気持ちだけを押し通せば，自分が所属している集団からのけ者にされる可能性もある。互いの感情やその状況の中で，相手と自分の双方がどのようにしたら満足いく結果が得られるかを，検討し選択するといった「葛藤」を体験するわけである。この葛藤こそが，人間関係についての学習を促進する。自分で困る，悩むからこそ身につくもので，このような体験を積み重ねながら，自分の気持ち，相手の気持ちも理解できるようになる。つまり，共感性の発達が促されるのである。

このように，共感性や思いやり行動が育つためには，身近な大人の模範的な

■キーワード■　けんか　葛藤→p.184

行動も重要であるが，自分で体験する中で，その模範となる行動を友だちから学ぶ，まねする，試す機会がなければ身につかないものなのである。大人は，見本を見せ，すぐに子どもにまねをさせるのではなく，どのような行動をとるかを子どもに考えさせる時間と場所を確保し，まずは見守ってほしい。そして，どうしても子どもだけで解決できない時に介入することが大切である。けんかを見てすぐに仲裁に入り，双方に「ごめんなさい」を言わせる保育者がいる。これは，子どもが相手の自我の存在に気づき，自らの考えを主張する方法を学ぶ機会を取り上げてしまうことになる。子どもの力を信じて，危険がないかぎり，まずはけんかを見守ってほしいものである。

(4) 社会化への支援

それでは，道徳性や向社会的行動を育て，子どもの社会化をさらに支援していくためには，どのような配慮が必要なのであろうか。

ホフマン（1977）は，子どものとった行動に対して相手がどのように感じたかを考えさせることを強調したしつけは，向社会的行動を促進するのに重要であるとしている。また，子どもの愛他的行動と母親の養育態度が大きく関係していることも明らかにされている。新井ら（1998）は，子どもの自己決定に関する発達的研究の中で，子どもの自主的な自己決定意欲の発達と道徳性との関連を明らかにしている。この研究によると，教師や親から賞罰を与えた群より，自己決定をした群の子どもたちの道徳性は勝っていたというものである。

けんかの例にもあるが，保育の中で，子どもどうしの関係に安易に大人が介入することや，ほめたりしかったりという外発的な強化を行うことは，長い目で子どもの成長を考えたときに，決して継続的な行動の変化や自発的な意欲の育成を期待できるものではない。子ども自身が望ましい行動を自ら選択していけるように，さまざまな人間関係を通して，人への信頼感が形成され，集団の中での遊びや，日常的活動の中で，共感性，自律性，判断力といった総合的な人間関係能力が育つようなかかわりが重要となる。

■キーワード■　自己決定

コラム13：自己決定と道徳性

(1) 子どもの自己決定とその意味

新井ら（1998）は，子どもは本来，一人の人間として自由と独立を求める欲求をもっていて，その自由と独立を得るために自己決定意欲をもっているものと考えている。そして，3歳ごろを中心として現れてくる，第一次反抗期は自己決定意欲の顕在化した形ととらえることもできるとして，子どもの体や心は，大人と同様に，自分がその主人公であると感じることができるとき，最も効果的に働くようにできているのかしれないと，体や心の働きの根本にある心理的特性に着目している。

そして，この自己決定は活動の意欲を高めたり，活動への感情を高め，効力感や有能感の成長を促すといった仮説を立て研究を進めている。その結果，学習意欲や道徳判断にこの自己決定が大きく関与していることが明らかとなった。ここでは主に，道徳的判断と自己決定との関係を紹介する。

(2) 子どもの自己決定と道徳判断との関係

子どもの社会的な知識を「道徳領域」「習慣領域」「個人領域（家庭生活，学校生活）」と仮定し，どの領域に対して，「自分で判断して，好きに行動してよいと認識しているか」といった子どもの意識と自己決定との関係を調査している。

その結果，一般的な自己決定行動（自分で決める行動）と自己決定意識（自分で決めるという意識）が高い子どもたちは，上述のどの領域においても，「自分で好きに判断してよい」とは思っていないことがわかった。特に，「道徳領域」ではそのような子どもたちの方が，自分での判断は許されないと認識している傾向がみられた。

つまり，自己決定を発達させる（自分で決めるという意識の発達）ことで，自分勝手で社会適応できない子どもを育てる危険性は少ないということが言える。

また，自己決定意識と道徳判断の基準との関係には，個々の自律性の程度とも深くかかわっているという結果を得ている。

さらに，新井ら（1998）は，賞罰的学習意欲や自尊的学習意欲に対し抑制的に働き，自己目標実現学習意欲を促進するという結果を得て，自己決定の発達が学習意欲の発達にも関係をもつことを明らかにしている。

これらのことから，自律性の芽生えの時期に，子どもの自分でやってみたいといった気持ちをどれだけ大切に育めるかが，道徳判断や自己決定意識，自己決定行動の発達を左右するといっても過言ではないであろう。

コラム14：構成的グループエンカウンター

　構成的グループエンカウンターは國分康孝がアメリカから導入したカウンセリングの技法である。この構成的グループエンカウンターは英語でStructured Group Encounterとよばれ，日本では頭文字を使いSGEとも言われている。

　この構成的グループエンカウンターは，各種の課題（エクササイズ）をグループで遂行しながら，グループのメンバーの心と心のふれあいを深め，それぞれの自己成長を図ろうというグループ体験の1つである。

　この方法は，課題や役割を置かない非構成的グループエンカウンターとは区別される。ねらいはどちらも，「ふれあい体験」「自他理解」であるが，大きな違いは課題が構成されていること，時間や場所，メンバーなどが構成されていること，全体で互いの感情や思考を分かち合う「シェアリング」と「エクササイズ」があることなどに大きな違いある。

　また，構成的グループエンカウンターには思想がある。その思想は「実存主義」である。「自分の人生は自分が主人公である」「誰がなんと言おうと自分には自分の考えがある」という思想である。その思想が根本にある構成的グループエンカウンターでは自分について示すこと，自己開示が要求される。そして，エクササイズ，シェアリングを繰り返すうちに，自分の感情や考え方（思考），自分の行動について人前で自分を打ち出せるようになってくる。そこではさらにメンバーどうしの相互作用にも注目し，相互の感情・思考，行動の修正と成長を目的としている。

　代表的なエクササイズは，「フリーウオーク」「握手」「Q＆A」「他者紹介」「将来の願望」などをあげることができる。しかし，エクササイズは誰にでも実施，体験可能なように工夫されているが，自他理解といったねらいから，遊び感覚で実施したり参加しないといった配慮が必要である。また，どのエクササイズも自己開示を求められることが多いが，リーダーは無理に自己開示させることは避け，自己開示したくないといったメンバー一人ひとりの気持ちを尊重して実施することが大切である。人の心の中に土足で入らないことである。

　現在，小中学校では，このSGEを授業や道徳の時間に取り入れ，子どものコミュニケーション能力や，自己開示能力の開発に活用する傾向が多い。短時間で，参加者の状態に合わせ進められるといった特徴が教育現場で活用される理由であろう。これからは，職場教育などにも開発的カウンセリングとして活用される可能性が大きい。

第7章
特別な支援を要する子どもたち

　子どもたちは，生まれながらにして自ら環境に働きかけ，周囲からの刺激を取り入れて成長していこうとする力をもっている。しかし，心身の発達に障害をもっていたり，発達を支えるための周囲の条件が整わないために，環境との相互作用がうまく行えず，十分に力を発揮できない場合がある。
　さまざまなハンディキャップをかかえながら，精いっぱい成長しようとしている子どもたちに，保育者はどのような支援ができるのだろうか。

1. 特別な支援を必要とする子どもたち

（1） 特別な支援とは

　子どもが心身の機能に何らかの障害を持っていたり，心の葛藤を抱えていたりする時には，環境への働きかけがうまくいかなかったり，環境からの刺激をうまく処理しきれない場合がある。
　たとえば，私たちがことばの通じない外国に行った時のことを考えてみよう。旅行者として観光地を巡るだけなら，さほど不自由は感じないかもしれない。しかし，そこで暮らし，継続的に学校生活を送るとなったら，おそらくは，非常に強いストレスにさらされるに違いない。
　その時，どんな支援がほしくなるだろうか。通訳のできる人がいつもそばにいてくれたら，初めのうちは心強いかもしれない。しかしそれでは，自分自身が直接まわりの人と気持ちを確かめ合う力はなかなか身につかない。クラスメートや先生が，相手は「日本人」であることや「ことば」がわからないのだということを理解して，ゆっくり話しかけてくれたり，ことばと一緒にジェスチャーや絵を使って説明してくれたら，少しずつことばの意味も理解できるようになり，自分でも相手にわかるように話すことが上達する。また，時には個別指導で単語を覚えたり基礎的な会話を練習したりという時間があれば，さらに自信を持ってまわりの人たちとかかわることができるようになるであろう。
　障害のある子どもたちが幼稚園や保育所に入園するときにも，これと似たようなことが起こる。事例を通して，保育の場における「特別な支援」について考えてみよう。

　　　Kちゃんは聴覚に障害があり，聴力は補聴器を使って口もとを見ながらならなんとか相手のことばを理解できる程度である。自分からもよく話す

■キーワード■　特別な支援→p.190

が，発音がはっきりしないので，聞き慣れた人でないと理解が難しい。こちらが何度も聞き返すと，しまいには怒って口を閉ざしてしまう。4歳で幼稚園に入園してきた当初，ことばで意志を伝えることがうまくできないために自分勝手と思われる行動をとってしまったり，相手の呼びかけに気づかず，無視したように受け取られるということが生じていた。また，遊びでは集団での活動に自分から参加することはあまりなく，一人でうろうろしていたり，ブロックをしたり，気に入った本を見ていることが多かった。

担任のゆうこ先生は，お母さんから「特別扱いしないでください」と言われていたが，このままでは，まわりの子はKちゃんを「自分勝手で乱暴な子」と思うし，Kちゃんも幼稚園を「自分のことをわかってもらえない居心地の悪い場所」と思ってしまうのではないかと不安になった。

そこで，ゆうこ先生は園長と相談の上，保護者の了解を得て，Kちゃんが入園まで通っていて，今でも週2回の指導を受けている通園施設に相談に行くことにした。

相談に先立って，通園施設での指導の様子を見学した。そこでは，3人の難聴児に1人の指導員がついて，絵カードの絵に対応した文章を単語カードで作るという課題を行っていた。その指導を見ていて，Kちゃんが幼稚園では見せたことのないような積極的な態度で課題に取り組んでいることや，友だちと顔を見合わせては楽しそうに大笑いすることに驚いたが，Kちゃんがすでに文章を読む力を持っていて，絵の状況に合わせた文章をすらすらと組み立てることができるということにショックを受けた。Kちゃんの内面には，非常に豊かな世界が成長してきているのに，自分は口から出ることばのたどたどしさにばかり目をむけて，Kちゃんが本来持つ力や豊かな気持ちを理解しようとしていなかったのではないかと考えたからである。

見学の後，指導員と話をすると，Kちゃんは幼稚園に入園してから，興

■キーワード■　通園施設→p.*189*

味の幅が非常に広がり，わからないことがらや物に対する質問が多くなったこと，新しい歌や遊びを覚えてきて，指導員や仲間に教えてくれることなどがわかった。また，話しかける時には，Kちゃんの正面に顔を向け，口もとが見えるようにして，ジェスチャーや絵や文字を使った視覚的なヒントを使うことが効果的であること，初めてのことを体験する時には不安が大きいし，全体に向けての説明からは状況の理解がうまくできないことがあるので，事前にKちゃんにわかるように流れを説明しておくことが必要であるなどのアドバイスを受けた。

　実のところ，通園施設でのアドバイスを受ける前のゆうこ先生の気持ちの中には，Kちゃんが通園施設から，幼稚園に移ってきたことに対する疑問があった。同じような障害を持つ子どもがたくさんいる専門の機関で，手厚い指導や世話を受けることの方が，Kちゃんの成長にとって有意義なのではないかとどこかで感じていた。それをあえて普通の幼稚園で生活させたいというのは親の身勝手なのではないかとすら思えた。

　しかし，Kちゃんの幼稚園に入ってからの前向きな変化を聞いたことは，幼稚園での生活がKちゃんの成長にとって大きな影響力と可能性を持っていることを，ゆうこ先生に実感させた。その上で，Kちゃんが幼稚園の生活に適応し，周囲の子どもたちがKちゃんを受け入れていくには，さまざまな工夫や配慮が必要であることも理解できた。

この場合の「工夫や配慮」こそが，「特別な支援」の意味するところである。

(2) 保育の中で気になる子ども

　Kちゃんのように，あらかじめ障害があることがはっきりしていると，入園を申し込む時点で，保護者も子どものハンディキャップを認識して，障害児であることを前提に相談し，依頼してくる。このような場合は，事前に詳しい情報を得ることも可能で，起こり得る問題を予想し，園全体で必要となる支援を考えておくことがある程度できる。また，保護者も協力的な場合が多く，共に

コラム15：保育者どうしのコミュニケーションのすすめ

　　保育士3年目のともこ先生は，発達に遅れのある3歳6ヵ月のA君を個別に担当することになりました。ともこ先生にとって，発達に遅れのある子どもの担当は初めてで，意欲と責任感にあふれてスタートしました。

　　A君は歩いたり走ったりすることには問題がありませんでしたが，ことばによる指示が理解できずにみんなとは別行動をとることの多い子どもでした。そこで，ともこ先生はわかりやすく指示を繰り返したり行動の手本を見せるようにしてみました。また，ことばかけを多くし，A君の行動にことばを添えるようにしました。A君は少しずつ他の子どもたちと過ごす時間が増え，遊びのレパートリーを増やしていきました。また，単語がいくつか言えるようにもなりました。

　　その一方で，他の保育士から「A君の要求がわからないことがある」と言われ，ともこ先生はだんだん焦ってきました。「ことばがあまり増えないことで他の子どもとのかかわりも発展していかないみたい。できるだけのことはしているつもりだけど，A君のことばがあまり伸びないのは私のやり方がよくないからかしら。私は障害児保育に向いていないのかも」　ともこ先生は初めての体験に戸惑っていました。

　特別な支援を必要とする子どもに対して，慣れないうちはどう対応すればよいか迷うことが多い。ともこ先生の場合も，A君は彼なりのペースで順調に成長していたにもかかわらず，他の子どもたちとの違いや他の保育士のA君への評価が気になり焦りを感じるようになってしまった。発達に遅れのある子どもの中には，適切な配慮のある環境を整えることでいつの間にか他の子どもたちに追いついてしまう場合もある。しかし，周囲が愛情と熱意を持ってかかわればすべての子どもがいつかは追いつくかというと，そうではない。子どもには一人ひとり成長のペースがあり，特に障害を持つ子どもはゆっくりと成長していくものである。ともこ先生にもそんなふうに励ましてくれる同僚や先輩保育者がいたら，むやみに焦ったり自信をなくすこともなかったのではないだろうか。

　保育者どうしが定期的にコミュニケーションをとっていると，一人の保育者が難しい問題を抱えこんでしまうことを防ぐことができ，また，複数の保育者の意見を出し合うことで当事者には見えなかったことに気づくという利点がある。つまり，コミュニケーションは保育者にとってだけでなく，子どもにとっても有益なことなのである。

子どもの問題を考えていこうという体制がとりやすい。

　しかし、子どものハンディキャップの程度が比較的軽度であったり、個別に対応したときにはこれといって目立つような行動が見られない場合には、保護者が子どもの発達上の問題を認識していないケースもある。中〜軽度の精神発達遅滞や自閉症スペクトラムの子どもたちは、このパターンが多く、その他にも、選択性（場面）緘黙や注意欠陥多動性障害、分離不安等が入園をきっかけにはっきりしたり、入園後しばらくたってから吃音やチックがひどくなるなど、ストレスが原因と思われる症状が悪化したりということも起きてくる。

　このようなケースで、保護者に認識がない場合には、子どもへの支援を考えるに当たって非常に慎重な対応を要する。不用意に発達や情緒の問題を指摘することで、保護者の不安を高めると、園への不信感を抱かせたり、子どもへの拒否感を持たせることになり、結果的に問題を大きくしてしまうことがある。

　Mちゃんは3歳11ヵ月で入園してきた年少児である。両親はMちゃんが生まれてまもなく離婚し、お母さんは実家に戻ったため、Mちゃんはお母さん、おじいちゃん、おばあちゃんとの4人で暮らしている。

　Mちゃんは、入園当初から落ち着きがなく、短時間でもすわっていることができなかった。気に入らないことがあるとかんしゃくを起こし、泣き続けることが多かったが、そのうち、友だちをつきとばしたり、たたいたりということが頻繁になり、そのたびに保育者が間に入って言い聞かせるが、「Nちゃんがあっちにいけって言ったから」とか、「Oちゃんがさわってきたから」と言って譲らず、挙句の果てには興奮して泣き出し、手がつけられない状態になることの繰り返しだった。

　エリ先生は思い切って、園での様子をお迎えにきたおばあちゃんに話してみた。おばあちゃんは驚いた様子で「家ではそんなことはありません。聞き分けのいい子です。母親が忙しくてかまってやれないので、年寄りっ子と言われないように厳しくしつけています」と言う。エリ先生は、Mちゃんは忙しい母親にあまり相手にしてもらえず、厳しい祖父母の前でも良

い子にしているのではないか，その反動で園にくると，自分勝手な振る舞いが多くなるのではないかと考えた。そこで，Mちゃんは甘える経験が足りないと思われることを話し，もう少しお母さんにかかわってもらえないだろうかと伝えた。

　翌日から，Mちゃんは園を休み始め，2週間後，「退園させたい」という電話が入った。理由は，「保育園に入れることにしたから」ということであったが……。エリ先生は，あの日不用意にお迎えにきたおばあちゃんに，日ごろ気になっていたことを話してしまったことを後悔した。

　すべての子どもたちには，一人ひとりに異なった個性があり，異なった育ちがある。「気になる子どもたち」の「気になる行動」が伝えているものを真に理解し，本当に必要としている支援を与えていくためには，子ども自身と，子どもをとり巻く環境への深い洞察力を必要とする。

2. 障害の理解と受容

(1) 保育者が知っておきたい障害

　障害を持つ子どもが保育所や幼稚園で保育を受けることが増えてくるにつれて，保育者が障害について知っておく必要性がますます高まっている。ここでは保育者が出会うことの多いと思われる障害を中心にとりあげる。

1) 精神遅滞（知的障害）について

　精神遅滞の約半数は原因がわからないが，わかっている中で最も多いのが染色体異常のダウン症候群によるものである（鈴木，1999）。

　ダウン症候群は顔つきに特徴があり，目がつり上がっていて目の内側にひだが多い。性格は素直で愛嬌があり，優しいので良い対人関係をもつことができると言われている。心臓の奇形や白血病などの合併症をもちやすいため，手術など医学的な対応を必要とし，さらに発達の遅れへの対応が重要になる。歩き

■キーワード■　精神遅滞（知的障害）→p.188　ダウン症候群→p.188

表7-1 主な障害とその特徴

精神遅滞 （知的障害）	知的機能が明らかに平均以下で，年齢相応の社会的な適応行動がとれない状態。明らかに平均以下については，知能指数（IQ）が70未満で軽度，50未満で中等度，35未満で重度，20未満で最重度と分ける。重度になるほど脳性麻痺やてんかんなど，合併症を持つ度合いが多くなる
広汎性発達障害	①人とのやりとりが少ない，②コミュニケーション能力（ことば）の遅れ，③限られた範囲への興味やこだわりという3つの特徴を持つ，いくつかの障害をまとめて広汎性発達障害と呼ぶ。このうち中心的な障害である自閉性障害は，①〜③の症状が3歳ごろまでに現れる。自閉性障害は知的機能の障害を併せ持つものが多い。アスペルガー障害は知的機能が平均以上でことばの遅れも示さないが，他人の気持ちを読むのが苦手だったり冗談が通じないなどのために，対人関係でつまずいたり不適応を起こしやすいという困難を抱える
注意欠陥多動性障害 （ADHD）	全般的な知的機能に遅れはないが，①気が散りやすい，②多動である，③衝動的の3つの特徴を持つ。具体的な症状は，指示を最後まで聞くことができない，物をなくす，じっとしておらず目が離せない，よくケガをする，順番を待てない，かんしゃくを起こしやすいなどである。これらの症状は周囲を困らせるものであるためしかられることが多くなり，それがもとで反抗的になったり別の心理的問題を抱えたりしやすい
肢体不自由	手足や身体の運動機能の障害で永続的なものをさす。現在では肢体不自由を持つ子どもの主な原因は脳性麻痺である。脳性麻痺の症状は一般に2歳までに現れ，その程度は重度の運動の障害のみられるものからほとんど麻痺がみられず日常生活に支障のないものまである。脳性麻痺は脳の損傷によるため，知的機能の障害も合併することが多い。また，重度の知的障害と重度の肢体不自由が重複している児童を重症心身障害児と言う
視覚障害	大きくは盲と弱視に分けられる。視覚障害児は話し始めや歩き始めが遅れることがある。理由は，見えないために話しかけたり近づきたいという動機づけが起こりにくいことや，大人が話したり動くのを見てまねることができないためである。そこで，離れたところから声をかけるか音を出して歩くことを促したり，子どもの立場になってできるだけことばで説明するなどして，視覚以外の情報を与えることが大切である
聴覚障害	聞こえの程度によって軽度から最重度までに分類される。聴覚障害を持つ子どもはことばを身につけることに困難があるため，早期から言語を獲得する訓練をする必要がある。ただし，親子の愛着形成がまず第一であり，視線を合わせてから口元の動きをよく見せはっきり語りかけるほか，スキンシップや優しいほほ笑み，ジェスチャーといった聴覚以外のさまざまな感覚を駆使したコミュニケーションを基本として療育が行われる

■キーワード■　アスペルガー障害　注意欠陥多動性障害→p.189　脳性麻痺→p.190

始めや話し始めは遅れがちだが，通常の発達過程をゆっくりとしたペースで進んでいく。

精神遅滞では，理解力に乏しく，注意がそれやすい，動機づけを持ちにくいなどの特徴が見られるので，わかりやすく丁寧に繰り返し説明したり，興味をひく工夫やことばかけに配慮しながら全般的な発達を促すようにするのがよいだろう。一方で，精神遅滞はその原因や障害の程度によって個人差が大きいので，保育においては子どもの状態をよく知ることが大切である。

2）広汎性発達障害について

かつて，自閉性障害の原因は親子関係に基づく心理的な問題であると考えられていたが，現在ではそれは否定され，脳の機能障害によるものと考えられている。したがって，子どもが親になつかないように見えるからといってむやみに親の愛情不足を責めることのないように気をつけたい。親がかかわりを持とうと努力しても関係を持ちにくいのがこの障害の特徴である，ということをよく理解しておく必要がある。

広汎性発達障害の子どもへの支援の目的は，日常生活で困るようなこだわりをやわらげたり，手順をわかりやすく工夫することで集団に参加しやすくすることだろう。この障害を持つ子どもは環境や手順が急に変わると不安が高まりパニックを起こしやすいので，生活のパターンを単純なものにしたり，指示をするときに絵カードのような視覚情報を活用することなどがわかりやすく有効であると言われている。

広汎性発達障害の中でも，アスペルガー障害は言語発達や認知発達の明らかな遅れが見られない。しかし，対人関係をとることが難しかったり，こだわりが強かったりといった症状は他の自閉性障害と同様であり，本人は困っているにもかかわらず，周囲からわかりにくい障害の１つである。幼児期は目立たないが小学校高学年あたりになると人間関係のつくり方が複雑になってくるため，適応が難しくなってくる。他人の気持ちを理解する訓練をしたり，周囲が理解ある対応をすることが必要な障害である。

■キーワード■　広汎性発達障害→p.186

3） 注意欠陥多動性障害（ADHD）について

　周囲に「落ち着きのない子ども」という印象を与える障害で，集団生活を経験するようになってはじめて周囲が問題として意識することが多い。そのため，入所前に注意欠陥多動性障害であることがわかっているということはほとんどないので，保育者がこの障害についての知識を持っていないと，誤った対応をしやすいことに注意したい。

　通常，子どもは3歳くらいまでは落ち着きがないものだが，4，5歳を過ぎても落ち着きがみられない場合は障害の可能性を考慮して対応する必要があるだろう。厳しくしかって集団行動にのせようとしたり，決められた行動ができないことに対して厳しい罰を与えることが重なると，子どもは反抗的になりさらにしかられるという悪循環に陥ってしまったり，自信を持てなくなって後々の成長に悪影響をおよぼすことさえある。

　保育場面での対応としては，なるべく行動の制限を緩やかにして少しでもできるようになった部分をほめるようにし，本人のがんばりを認めて自信を持たせるようにすることが重要である。注意欠陥多動性障害の原因は脳の機能障害と考えられており，落ち着きのない子どもの中には単なるわがままや親の愛情不足が原因ではない場合がある，ということを知っておきたい。ただし，虐待のような劣悪な環境でも落ち着きのなさが目立つことがあるので，家庭の状況にも気を配っておくことは大切である。

　注意欠陥多動性障害の子どもが学校へ行くようになると，学習障害（LD）の症状を示す子どもがいる。両方の障害を同時に持つ子どもは多く，これら2つの障害は関係が深いと考えられている。学習障害は全般的な知的機能に遅れはないが，聞く，話す，読む，書く，計算するまたは推論する能力のいずれかに極端に不得意な分野がある障害である。特定の学習だけができないので怠けているのだろうと誤解されやすい。注意欠陥多動性障害も学習障害も困っているのは子ども自身であって，決してわがままであるとか怠けているわけではないことを周囲が理解することが大切である。

───────────────────────────────

■キーワード■　学習障害→p.*184*

（2） 障害を受容する

わが子に障害があるとわかったとき，親がすんなりとその事実を受けとめることは非常に難しい。「きっと何かの間違いに違いない」と，障害の存在を否定したい気持ちからいくつもの医療機関を訪ね歩くことがある。「いったいこれからどうなるんだろう」と不安に陥ったり，「どうして健康に産んであげられなかったのだろう」と自分を責めたり，あるいは家族や親戚に対して申し訳ないという気持ちを持つこともある。待ちに待ったわが子のはずなのに，どうにもかわいいと思えないこともある。

ドローターら（1975）は，先天性の障害のある子どもを持った親が，正常な心理反応として次のような段階を経過することを示した（図7-1）。

ショック（第一段階） → 不安や否認（第二段階） → 悲しみや怒り（第三段階） → 適応（第四段階）

図7-1　受容の段階

ショックや障害を認めたくない（否認）気持ちや悲しみなどは否定的な感情ではあるが，これらは通常起こりうる感情であり，正常な反応なのだということを知っておくことが大切である。ただし，人によって，あるいは障害の種類や障害がわかった時期などの違いによっても，このとおりの経過をたどらない場合もあるし，ある段階でとどまっている場合もある。また「障害受容を到達点のあるものとして考えるのはナンセンス」とも言われる（中田，2002）。つまり，いつか障害を受容できるというゴールがあるのではなく，障害のある子どもを持つ家族は，障害を肯定したい気持ちになれるときもあれば否定したい気持ちになるときもあり，揺れ動く気持ちを抱えながら生活しているのだという。それだけ，障害を受容するとはことばで言うほど簡単なことではないということだろう。

障害を持つ子どもを支援すること以上に，その子どもを今後養育していく親

を支援していくことは重要である。保育者は，支援者としてそのような複雑な親の気持ちを理解しようと努めることが大切となる。

3. さまざまなこころの問題

（1）保育者が出会うこころの問題

1）不登園

登園をしぶったり，本人は行きたいと思っているのに行けない，というものである。原因として，子どもどうしのトラブルや担任にしかられたことがきっかけとなる場合や，家庭内で過保護に育てられたために集団生活で必要な協調性が育っていない場合，家庭内が緊張状態にある場合，家族以外の人とかかわる機会が少なく社会経験が不足している場合がある。その他，もともと緊張しやすく新しい場面に慣れにくいという気質が関係している場合などが考えられ，複数の要因が重なり合っていることもある。

幼児期の不登園では思春期の不登校のように複雑な心理的要因が背景にあることは少なく，経過が良好なものが多い。そのため，あまり周囲が心配しすぎず，登園を無理強いしたりしないでゆっくりと見守っていくことで徐々に園生活に慣れていくことが多いものである。そのうえで，園生活にはっきりした要因がある場合は可能であればそれを取り除くか，丁寧な配慮をしていく。

3歳前後は家庭生活から集団生活へ，母子一体から母子分離へという発達の節目でもある。なんらかの事情で母子関係が不安定であると子どもが安心して母親から離れられないということもある。これを機に家庭環境は安定したものであるか，甘やかしすぎたりあれこれ事細かに注意や指示をしていないかなど，家庭でのかかわり方を親とともに見直してみる良い機会ととらえてはどうだろうか。その際，まず母親に十分甘えさせてしっかりした愛着関係を作り，そのうえで母子分離を目ざすことが大切である。

■キーワード■　不登園　母子分離　愛着関係

2）選択性緘黙(かんもく)

ことばの発達の遅れとは異なり，話す能力はあるのにある特定の場所（園や家族以外の人の前など）では話すことができないものである。話さないことの他に，人前で恥ずかしいとか不安が強かったり，かんしゃくを起こしたりすることもある。

対応として，周囲の人が怒ったり励ましたりすると萎縮(いしゅく)したり焦らせることになってしまうので，「話さなくてもそこにいていいんだよ」というような，子どもがそのままで安心していられる雰囲気を作ってあげることが第一である。そして話すことだけにとらわれず，集団行動に参加できることを目標に少しずつかかわりが持てるようにと考えていくのがよいだろう。

3）吃り(どもり)（吃音）

話すことが上手になってくる3歳前後は言語能力に限界があり，言いたいことがたくさんあってもうまく伝えられずに吃ることがある。この時期，話しことばのリズムが多少乱れることは発達の過程として正常なことである。このときに正しくない話し方として指摘や注意を繰り返すと子どもは話しにくくなり，吃りが習慣化してしまうことがある。また吃ることを悪いことと思うようになると，話すことを避けるという二次的な問題を抱えることもある。

基本的に吃りを治すことにはこだわらず，吃ってもいいから自由に話させるのがよいだろう。その際，吃ることには直接ふれないようにし，思ったことや感じたことを楽な気持ちで話せるような雰囲気を作ってあげることが大切である。

4）おねしょ（夜尿）

おねしょ，すなわち夜尿は通常の成長過程でも見られるもので，問題として考えるのは，少なくとも5歳以上で週2回以上失敗することが続く場合である。たまに失敗する程度であれば，幼児期はあまり心配せず見守っているうちに治ってしまうことが多い。原因として膀胱(ぼうこう)で尿をためておくことがうまくできなかったり，夜に排尿を抑えるホルモンがうまく働かないなどが考えられている。

■キーワード■　選択性緘黙　吃音→p.185　夜尿

対応としては，厳しくしかったりせずにさりげなく汚れたものの処理をしてあげるようにする。その他に，夜中に無理に起こさないこと，寝る前に水分をとりすぎないこと，などがあげられる。トイレットトレーニングが終わって1年以上失敗がなかった後で症状が出てきた場合は，膀胱機能の未熟さというより，家庭内の緊張状態や精神的なストレスなど心理的要因がないかどうかを確かめてみる必要がある。

5）チック

目をパチパチさせる，顔をしかめる，鼻を鳴らすなどが突然起こり反復するものである。これはわざとやっているのではなく，意思とは関係なく声や動きが出てしまう。チックには一過性チックと，症状が1年以上続く慢性チックがあり，重症なものでは声と動きの両方のチックが1年以上みられるトゥレット障害と呼ばれるものがある。

チックを考える時に気をつけたいのはその原因である。以前は家庭のしつけや子どもの欲求不満が原因と考えられていたが，現在では単なる心因性の問題ではなくチックが出やすい体質というような生物学的な基盤が推測されている。重症なチックでは家族の精神的負担も大きいものなので，なかなかよくならない場合の家族へのサポートが大切となる。ただし，心理的要因があるとそれが引きがねになったり悪化させることがあるので，安心できる環境を整えることは必要である。

チックに気がついた時は注意してやめさせようとするのではなく，家庭や園で甘えられる受容的な雰囲気を心がけることと，十分にからだを動かして楽しく遊べるように配慮するのがよいだろう。

6）指しゃぶり

正常な新生児は，吸啜(きゅうてつ)反射といって口に入れられたものに吸いつく性質がある。乳児期にはそのような性質から指しゃぶりがみられることがあるが，全く問題はないものである。1歳ころでも約半数にみられ，気持ちが落ち着く働きがある。3歳ごろになっても日中頻繁にみられるときは，手持ちぶさたで退

■キーワード■　チック　指しゃぶり

屈していたり不安や緊張が関係していることもある。

　しかる必要はなく，手を使うような遊びやからだを動かす楽しい遊びに誘えば自然と指しゃぶりをしている時間は少なくなる。それでも改善しないときには，強い不安や緊張がないか考慮する。夜寝る前などだけに見られる場合にはあまり心配せず，安心できる環境を作るように心がけて自然になくなるのを待てばよいだろう。指にカラシを塗ったり，「歯並びが悪くなるから」と焦って無理にやめさせようとすると，かえって不安や緊張状態を引き起こして症状が長引くことになりかねないので，注意したい。

7）反応性愛着障害

　児童虐待のような不適切な養育環境におかれた子どもに見られることがあり，安定した愛着が形成されていない状態である。症状としては，人への警戒心が強く，おどおどしたり無表情であったりして感情の抑制がみられるといった内向的にみえるものと，反対によく知らない人にでも非常に強い身体接触を求めたり親しく甘えようとするが執着はしないという（Aの人がだめならBの人というように）外向的にみえるものがある。どちらも発達的に見て人との交流の仕方が安定していないという点で共通しており，要求が多くべたべた甘えたかと思うと（たとえば，要求が通らないとわかって）急に態度を変えて攻撃的，拒否的になるといった相反する反応をすることがある。

　幼児期の愛着の問題は，その後の成長過程において対人関係でさまざまなトラブルや不適応を引き起こすことが予想されるため，早期に原因を探り，適切で安定した養育環境を整えることが第一である。生命の危険にかかわるなど重症の虐待が疑われる場合は，児童相談所への通告も必要となる。

（2）こころの問題への支援

1）安易に決めつけない

　こころの問題に限ったことではないが，困った行動や気になる行動がみられたとき，その原因をすぐに見極めることは非常に難しい。問題の状況を詳しく

■キーワード■　反応性愛着障害　児童虐待

コラム16：虐待を受けた子どもへの支援

　近年，児童養護施設に入所する児童のうち虐待を受けた児童の割合が増加している。虐待を受けた子どもは，怒りを爆発させたり，大人の神経を逆なでするような言動をとることがあり，それらにどう対応したらよいかと悩む施設職員は多い。

　虐待を受けた子どもは「自分は悪い子」「大切にされる価値のない存在」という思い込みや，自分に好意を持ってかかわってくる大人に対して「いつか自分を見捨てるに違いない」「自分に痛い思いをさせるに違いない」という否定的なイメージを持つ傾向がある。そのため最も身近な大人に対して，わざと怒らせるようなことをしてその愛情を試そうとする。これを西澤（1999）は「虐待的人間関係の再現傾向」と呼んでいる。そのような言動をとる子どもには「私は決してたたいたり怒鳴ったりしないよ」と根気強く伝えていく。そうすることで，「ここ（施設）はどうも安心できるところみたいだ」という感覚を子どもが持てるようになることが大切である。

　　ある日，B君は食事の後の掃除当番になっていましたが，見たいテレビ番組があったので当番のことをすっかり忘れていました。他のみんなとテレビを見に行こうとして，職員に「掃除をしてから戻ってね」と声をかけられました。B君は怒り出して「いじわる，なんでだめなんだよ！」「テレビ始まっちゃう，（見られないのは）おまえのせいだぞ！」「やっぱり大人はうそつきだ！」とののしりました。

　B君は，生活していく上で必要な人間関係のルールと虐待の違いを理解できずにいる。これまで大人の都合で一方的にしかられたたかれてきた子どもにとって，大人が制限を加えてくることは自分への攻撃と感じてしまう。この場合，「本当は，掃除なんかよりテレビを見に行きたいよね」と，B君ががまんをしていることに共感してあげることが大切である。なぜなら，それによって，がまんをする時の嫌な気持ちがいくらか小さくなるからである。その一方で，ルールはいつも一定にしておくことで人間関係にはルールがあることに気づかせていく必要がある。

　虐待的な環境で育った子どもは，人生の最も基本的な親子関係で誤ったイメージを植え付けられたために，その後の対人関係でさまざまな問題を抱えやすい。支援する大人は，反発ばかりする子どもに対し「こんなに一生懸命やっているのに」と無力感に陥ったり，いらだちをおぼえたりする。そういう時，子どもの行動の背景にある心理を理解できると，落ち着いて適切な対応がとりやすくなるのである。

観察して子どもの発達や家庭の状況を考慮し，問題を引き起こすような特別なできごとがなかったかどうかなど，さまざまな角度からの情報を集めて判断する必要がある。そして，子ども自身の問題であることもあるが保育環境や家庭環境に問題があったり，それらが複合的に影響していることもある。一見，心理的な問題と思われるようなものでも器質的・機能的障害が隠れている場合もある。このような判断には知識と経験を要するため，慎重に対応することが重要である。

2) 親を責めない
(1)　「落ち着きがないのは愛情が足りないのではないですか。たくさんかわいがってあげてください」
(2)　「チックが出ているけど家庭で厳しくしかっていませんか」
(3)　「不登園はお母さんの育て方に原因があるのではないですか」

(1)〜(3)の対応は，残念ながらあまり勧められない。共通するのは，どれも親に原因を求めているということである。もちろん，それが的を射ている場合もあるだろうが，正しいことを言えばよいとも限らない。子育て初期の親は，自分の子育てに絶対の自信はないものである。親にとって幼稚園や保育所ははじめて自分の子育てを評価される場でもあり，保育者は子育てに関して最も身近で信頼したい相手である。このような状況で自分の子育てを否定されるのはかなりのショックとなる。また，そのことで親が不安定になり，かえって子どもに悪影響をおよぼす可能性もある。親が「そんなことを言われる筋合いはない」と保育者の助言に拒否的になってしまったり，「私は母親失格だわ」とすっかり自信をなくして落ち込んでしまったのでは当初の問題の解決は難しくなってしまう。

3) 親と一緒に考える
重要なことは，正しいことを指摘することでも原因探しをして悪者を責めることでもない。親が「よし，今度はこんなふうに頑張ってやってみよう」という前向きな気持ちになれるかどうかである。そのために保育者は支援者として

「一緒に考えていきましょう」という共に歩む姿勢を示したいものである。

「△△さん，最近はいかがですか。何かご心配なことはありませんか」などと，普段から親とコミュニケーションをとっておくのも大切なことである。その上で「このごろ○○くんのこういうところが気になっているのですが，おうちでの様子はいかがでしょうか？」と切り出してみる。もしかすると「実は……」と，すでにわが子の異変に気づいていて相談する機会をうかがっていたということがあるかもしれない。そして時間をかけて親と協力関係を築いたうえで，専門機関でみてもらう方がよいと思われる場合，細心の注意を払って相談することを勧めたい。子どもの心の問題への対応では，親が心理的に安定してゆったりした気持ちで子どもに接することが何よりも大切で，親を支えることを第一に考えて対応してみてほしい。

4) 専門機関ではどんなことをするのか

親に対して必要な助言をしたり，不安な気持ちを受けとめることで子育てをバックアップしていく。子どもに対しては，心理的な要因が考えられる場合，遊びを使って自由に内面を表現できるようなプレイセラピー（遊戯療法）を行うことが多い。子どもはセラピスト（心理療法士）との信頼関係を支えにして心の安定を取り戻し，現実生活への適応能力を高めていく。

4. 保育の中での支援

（1） 障害児保育の考え方

障害児保育には各種障害児施設で障害児だけを対象にする分離保育と，障害児と健常児を一緒に保育する統合保育がある。障害を持つ子どもが幼稚園や保育所で保育を受ける機会は年々増えており，たとえば保育所は全国で約2万2千ヵ所あるが，平成15年度には7,118ヵ所で障害児保育が行われている（平成16年厚生労働省保育課調べ）。

■キーワード■　プレイセラピー→p.191　セラピスト　各種障害児施設→p.184

近年の障害児保育で注目されているのがインクルージョン（包括，包含）という概念である。従来は障害児と健常児の分離が前提にあり，それを統合するという考え方であった。それに対しインクルージョンでは，障害の有無にかかわらずすべての人は同じ地域社会で生活，あるいは同じ教育の場で教育を受けるものという前提に立つ。インクルージョンが成り立つためには，一人ひとりの必要性に合わせてきめ細かな配慮をした保育を提供できるような体制が必要となる。

学校の障害児教育においても通常学級と特殊学級という区分から特別支援教育へと名称を変え，これまでの特殊教育では対象になりにくかった学習障害や注意欠陥多動性障害，高機能自閉症の子どもも教育支援の対象とする方向へ進んでいる。保育においても，明確な障害を持つ子どもだけでなく「障害かどうかはわからないけれど気になる子ども」についても，支援を必要としている子どもとしてとらえていく必要がある。

（2） 統合保育の意義

ここでは統合保育を「障害を持つ子どもと持たない子どもが同じ場所で保育を受けること」とすると，次の2つの重要な意義があると考えられる。

まず障害を持つ子どもにとって，同年齢の多くの子どもたちとのかかわりを通してさまざまな刺激を受けることができ，子どもどうしの社会的相互作用が促されたり，意欲や社会性が育まれるなどの効果が期待されている。一方，障害を持たない子どもにとっては，同じ生活の場に障害を持つ子どももいることによって，思いやりや助け合いの気持ちが育まれたり，障害を個性の1つとして自然に受けとめる障害児・者観の形成にも役立つと考えられる。

（3） 障害を持つ子どもへの支援

1） 子どもの状態を正しく知る

障害を持つ子どもの保育では，どんな医療的配慮が必要なのか，通っている

■キーワード■　インクルージョン　特別支援教育　高機能自閉症→p.186　統合保育→p.189　社会的相互作用

訓練施設や家庭の状況，そして発達の様子など，子どもの現在の状態を正しく把握することがまず大切になる。特に重要なのは「客観的に見る」こと，つまり子どもの姿を「ありのままにとらえる」ことである。これが簡単なようでなかなか難しい。

わが子を毎日見ている親にとってはとりたてて変化が感じられなくても，久しぶりに会った人から「大きくなったわねえ」とか「こんなこともできるようになったのね」と言われ，改めて成長に気づくということはよくあることである。保育者も同様で，いつも接している保育者は日々の成長に気づきにくいことがある。また，親はわが子への期待から，わざとではないのだが実際よりひいき目に見てしまう傾向があるように，保育者も自分の担当する子どもについて，実際より良く評価していることに気づかないことがある。

子どもをかわいがる気持ちや成長を前向きにとらえようとする気持ちはもちろん大切だが，熱心すぎて冷静な判断ができなくなってしまうと問題で，子どもを受け入れる姿勢と客観的な視点のバランスをうまくとる必要がある。

では，客観的に見るためにはどのようなことに気をつけて子どもをみればよいのだろうか。それには，具体的な事実をとらえるようにすることである。「ことばが遅い」「最近ことばが増えてきた」というようなあいまいな表現だけでなく，具体的に「どのようなことばが出ているのか」「何語くらい言えるのか」などの事実も一緒にとらえるようにすると「ありのまま」をとらえやすくなる。障害を持つ子どもにかかわる場合，保育者以外の，同じように子どもにかかわっている人や機関と協力することが子どものためにも保育者のためにも大切である。客観的に見ることのできる保育者が伝える子どもの情報は，的確でわかりやすく，他の専門職と情報を交換するときに非常に役立つのである。

　2) 楽しい気持ちを大切にする

大人からみると何気ないことでも，子どもにとっては生活のすべての活動に学びがある。そして，楽しみながら活動に取り組むことが興味や関心を引き出し，成長を促すことにつながる。反対に，いくら子どもの発達を促すのに役立

つからといって子どもの気持ちも考えず無理に何かをさせようとするのでは，効果があがらないだけでなく，苦手意識を植え付けたり意欲をなくしたりと逆効果になることもあるので注意が必要である。

　　ある母親は，発達の遅れのあるわが子の療育プログラムの課題で悩んでいた。クレヨンでまっすぐに線を引くという課題をさせようとすると，子どもは好き勝手になぐりがきをしていて線を引いてくれない，なんとか手を添えてやらせようとするが嫌がるのでどうしたらよいか，というのである。この母親は一生懸命であるがゆえに，きっちり課題をこなさなければと思って困っていた。そこでこんなふうにアドバイスしてみた。「お子さんは今，描くということを楽しんでいますよ。思う存分，のびのびと描かせてあげましょう。ある程度満足したら，お母さんが見本を見せてあげて，まねっこ遊びのようにしてみるのはどうでしょうか？」

　訓練とはいっても楽しみながらが基本となる。このような形で親をサポートしていくのも保育者の大切な役目である。

3）時には見守るだけでよい

　障害を持つ子どもに対して，「何か力になりたい」と使命感を持つ保育者は多いことだろう。しかし時には，どう対応したらよいか迷うような場面にも出会う。そんな時はちょっと距離をおいて見守ってみるのも大切なことである。子どもは子どもどうしのやりとりの中でいつの間にか自分で答えを見つけ出していくことがあり，そんな時は「何か教えなければ」と力んでいた自分に気づかされる思いがする。次の例は，見守ることの大切さを教えてくれたできごとの1つである。

　　生まれつき片方の手指のない男の子に，女の子が「どうして手が小さいの？」と問いかけた。男の子は一瞬悲しいような困ったような顔をして「ぼくの手は大きくならないんだ」と答えた。それを見ていた保育者はどうしたらよいのかわからなかった。その後，二人は仲よさそうに手をつなぎ園庭で遊んでいた。男の子のつないだ手は障害のある方の手だった。

第8章
親の理解と子育て支援

　保育を学ぶ学生に出会うと，どうして保育者になろうと思ったかを尋ねることにしている。そうすると，ほとんどの学生が「子どもが好きだから」と答える。「子どもが好き」ということは，保育を学ぶ出発点として最も重要である。ただ，それだけでは保育者は務まらない。なぜなら，保育者は子どもに対するのと同様にその保護者とも深いかかわりをもたなければならないからである。
　本章では，保育者を育児支援という視点から見て，保育者が親とつきあっていく際にどのような配慮が求められるかについて考える。
　また，保育者に育児支援を担う重要な役割が求められている現在，支援する側の保育者の専門性と精神衛生についても考えてみる。

1. 現代社会と子育て支援

(1) 何を支援するか

　保育所・乳児院・養護施設などの福祉施設で，家庭での保育を受けられない子どもを，家庭に代わって保育するという，子どもを直接支援する形の子育て支援はこれまで長く行われてきた。

　その後，女性の社会進出や就労形態の多様化に伴い，働く母親を支援するという形の育児支援が進んだ。具体的な例としては，保護者の就労形態の多様化や通勤時間の増加などから求められた長時間保育，昼間保護者が家庭にいない小学校低学年の放課後の児童を対象とした学童保育を挙げることができる。

　さらに，核家族化，家族形態の変化によるシングルペアレントの増加，少子化など子どもをめぐる環境の変化が進む中で，乳児保育，障害児保育，病児保育，預かり保育などがニーズの多様化に応えてきた。そして，家庭や地域の育児機能がますます低下する中で，これまでの子育てと就労の両立の支援に加えて，言わば密室の中での専業主婦の育児を支援することも重要な役割となっている。

　少子化社会で育った現代の親は，自分の子どもを生み育てる前に，子どもの世話をした経験がほとんどない。また，地域の人間関係が希薄になり，子育ての責任を母親一人で負わなければならなくなっていることが，密室の育児の原因と考えられている。

　現代は，他人に無関心な風潮が強く，地域の教育力も低下している。そこで，孤立している親子や家庭を支援しつつ，地域の子育て機能を活性化する必要が出てきたのである。

■キーワード■　乳児院→p.190　養護施設→p.192　長時間保育→p.189
学童保育→p.184　シングルペアレント→p.187　預かり保育→p.183

(2) 保育士の子育て支援

それでは，子育て支援の中で保育者に何が求められ，何ができるのだろうか。ここでは，保育所保育士を取り上げ，その具体的な役割について見ていこう。

これまで，保護者に代わって保育をする保育所保育士に求められてきた役割は，次の3つである。

(1) 保護者に代わって保育を行う。
(2) 保護者の代わりに，複数の目でその子どもを見る。
(3) 保護者とは違った見方で子どもを見て，その姿を保護者に伝える。

その他，家庭との連携をとるために保育参観，クラス懇談会，個人面談，家庭訪問などの機会を通じて，保護者と保育士の意思の疎通を図り，子どもの様子の共通理解を深めている。また，入園式や親子遠足，運動会，生活発表会などにより園の保育の実態を保護者に伝え，保護者はわが子の様子を集団を通して知ることができる。

日々の保育の実際では，連絡帳などを用いて，保育士は保護者の記入する子どもの健康状態や家庭での様子を次の日の保育の参考にし，保護者はその日一日の子どもの様子を細かく知ることにより，互いに子どもの状態を的確に理解するために役立てている。お互いの意思の疎通が図れると同時に，保護者にとっては貴重な育児の記録になり，保育士には日々の保育の振り返りや反省の材料になる。

そして今日，保育所保育士には，上述したように保護者の代わりに子どもを見るという役割だけでなく，保護者の育児そのものを支えるという役割が求められている。ある保育所で，家庭支援として行っている内容を表8-1に掲げてみる。

では次に，地域の子育て能力を活性化するためにはどのような活動が期待されているのだろうか。保育士は，これまでの保育活動が評価されて，育児の専門家として，地域全体で子育てを行う基盤づくりを担うことになってきた。そ

表8-1　ある保育所が日ごろ心がけている家庭への支援

・お母さんが気持ちよく安心して職場に行けるように受け入れの対応に気を配る。
・お母さんに対する義務観念はひとまずおいて、保育士ができることはやってあげる。（名前の記入、布団のシーツかけ、パンツやズボンのゴム入れ等）
・爪の手入れ、髪の手入れなどをしてあげたときには、次にお母さんができるようなアドバイスをしていくようにする。
・子どもが体調の思わしくない時の受け入れは、経過報告は慎重に、いたずらにお母さんの不安をかりたてないようにする。
・お母さん自身の体調にも気遣い、一言声をかける。
・お母さんの悩んでいることはどんな小さなことでも、精一杯聞く。
・お母さんの、「私だけが……」という被害者意識をなくすような助言をする。
・子育て仲間としての保護者どうしの結びつきがもてるように援助する。
・子どものこんなことをした、あんなことができたなどプラスのエピソードを話し、お母さんとともに喜び合う。
・子どもの成長が見られる写真をできるだけ撮ってあげる。
・子どもが描いたり、作ったりしたものはどんなものでも、取っておいて見せてあげる。
・子どもに対し、きめ細かく丁寧に保育していくことで、お母さんの信頼を得る。
・子どもの衣服の着脱など遊び感覚でやる方法を教えてあげる。
・少しの時間でも、できるだけふれあい遊びをお母さんに教えてあげる。
・今、子どもが喜んで食べているメニューの作り方やレシピをあげる。
・エプロンやおむつカバー等は下洗いをして返してあげる。
・子どもを空腹で帰さないように母親の帰る時間を考慮して、補助食やミルクなどをすませ、機嫌のよい子を見てもらう。
・小さな赤ちゃんを保育所に預け働くことを、子どもに対し引け目や負い目を感じさせないような対応をする。

のための主な活動は、①相談事業、②親子で集う時間と場所の提供、③子育てサークルの育成・支援、④育児情報の提供などを挙げることができる。それぞれについて少し説明を加えておこう。

1) 相談事業

　相談には、来園して受ける相談と電話での相談がある。あらかじめ、相談を受ける曜日や時間を明確にして、子どもの発達についての相談を受ける。筆者は相談を受けている保育士の事例検討会に出席したことがあるが、季節に合わせた育児の方法といった相談から、夫や姑に関する家族の問題、育児で一時仕

コラム17：母親の求める育児支援

　家庭教育講座や育児講座などに参加している育児中の母親に，どのような育児支援を望むかを尋ねてみたら，いちばん欲しいものは子どもを預ける場所だった。
　仕事をするための預ける場所というわけではない。美容院に行ったり，歯医者に行ったりというような時の預け場所だという。行かなければそれはそれですんでしまうような場所には，誰かに子どもを頼んで出かけにくいというのである。近所に友だちがいて，お互いに預けたり預かったりしているという母親はわずかだった。
　子どもが嫌いでもない，育児も楽しいけれど，たまには一人で出かけたい，一人の時間が欲しいと話す母親が多い。そのため，保育つきの講座も人気がある。「講座内容が育児のことでなくてもいい，『保育つき』とあると万葉集でも救急法でも申し込んでいる」という母親がいた。中には，夫が仕事の休みの日に「子どもは自分が見ているから行ってこい，と出してくれる」とうれしそうに話す母親がいた。一人で外出できる喜びだけでなく，育児の大変さを理解してくれるパートナーに恵まれていることを喜んでいると思われた。
　外国の話題になるが，カナダの子育てテキストにも，心身ともに健康な親であるために必要なことの1つに，毎日数分でもいいから，一人で過ごす時間をもつこととある。
　また，現代のように育児に関する情報がこれほどあふれていると，母親は日々の育児で迷うことが多くなる。まして，1つのことに対して，両極端な対処法方がある時には，どちらかを自分で選ばなければならない。母親が情報を自分で選びきれないのが問題なのであろうか。
　母親から質疑応答を受けていると，「～について聞きたい」というよりも，「自分はこんな思いで育児をしている」「こんなことを感じている」「自分の育児は間違っていないだろうか」ということを話してくれることが多い。つまり，専門家や育児経験者から正しい情報を教えてもらいたいというより，自分の育児の喜びや悩みを共有し，共感し，同じ目線で一緒に解決策を考えてくれる人を求めているといえる。預ける場所や金銭的な援助・遊び場所といったハードな面も，もちろん育児を直接支えることにつながるが，育児を支える温かい雰囲気といったソフトな部分での支援も母親にとって力強いものになるだろう。
　育児支援を進める立場の人の「育児支援を進めると無責任でどうしようもない母親が増えて，かえって大変ではないか」という発言を聞いた時，担当者がそのような考えでいるうちは，母親の求める育児支援とは程遠いものになってしまうだろうと暗澹たる気持ちになった。母親が，今どのような社会の中でどのような気持ちで子どもを育てているかを理解しないと，真の支援は進まないであろう。

事から離れている女性ならではの不安など,相談内容は多岐にわたっていた。中には,育児をしている仲間がいればみんなの共通の悩みであったり,ちょっとした先輩がいれば,悩まなくてもすむであろうという話題もあった。

2) 親子で集う時間と場所の提供

ふれあい広場,子育てサロンなどと呼ばれる活動である。最も代表的なものは,園庭開放であろう。曜日や時間を決めて,その間,園庭で子どもと一緒に過ごしてもらう。他の子どもの様子や,保育士と子どものやりとりを自由に見てもらう機会になる。また,保育室などを開放して,地域の親子が気軽に遊びに来られる場を作ることもある。絵本や遊具・玩具などを用意して,親子それぞれが,おしゃべりしたり遊ぶ機会をもてるようにする。

3) 子育てサークルの育成・支援

育児に向けての母親講座を企画して実施したり,手作りの絵本や玩具,おやつ作りなどの教室の開催,子どもの年齢や悩みの内容などによってグループをつくるなど,はじめは保育士が中心になってグループ活動を運営していくが,徐々に母親たちの自主的グループを支えていく活動である。

絵本や玩具,おやつなどについて,これまでの園での活動が生かされるわけである。

4) 育児情報の提供

子どもの心身の発達についての情報や季節ごとの育児のポイントなどを,新聞やポスターなどで知らせる。こうした活動を通して,母親の育児不安を解消したり,軽減したり,虐待などの予防につなげていくのである。

2. 現代の親子関係

(1) 現代の親子関係

これまで述べてきたように,さまざまな育児支援が必要であるとされる現代,

■キーワード■　育児不安→p.183

親はどのような気持ちで子どもを育てているのであろうか。

　少子化の時代と言われて久しいが，現代は単に子どもが少ないというだけでなく，その貴重な子どもをより良く育てなければならないという重圧が親にはかかっている。さまざまな情報があふれている中で，自分の育児に自信がもてないと不安や緊張が高まる。

　心配なことがらについては，育児雑誌や書籍，テレビ番組，インターネットなどを利用して調べることができる。しかし，毎日毎日，自分で状況を見ながら判断しなければならないことの多い育児は，はたして自分のとった行動はこれで良かったのか悪かったのか気になり，誰かに「大丈夫」「それでいいんじゃない」と言ってもらいたいという母親は多い。

　育児についての講座に参加する母親を見ていると，講師から新しい知識を授けてもらいたいというよりは，自分の育児についてや育児への思いについて話を聞いてもらいたい，支持してもらいたいという母親が多いことに気づく。そのため，グループに分かれての交流の場を設定すると，グループ内で活発な話し合いがなされ，全体の中でも自分のことを積極的に話せる母親が多い。

　そして，講座が終わって感想を求めると，「自分の話を聞いてもらって安心した」「悩んでいるのが自分だけでないのがわかってホッとした」などの感想が続くのである。

　これまでに実施された母親の養育意識に関する多くの調査でも，母親がどのような対人サポートネットワークをもっているかは，育児ストレスを軽減させられるかどうかに関係していることが示されている。この対人サポートネットワークは，父親との関係，祖父母との関係，地域との関係に分けられるが，中でも母親の育児不安の高さと父親との関係は，他のサポート源と比較するとかなり密接なかかわりのあることがわかっている。つまり，父親との関係が良好だと母親の育児不安は低く，反対に夫が仕事などでほとんど育児に関心がないと，その母親の育児不安は高い傾向にあるという結果が出ている。

　父親の育児への出番は幼児期以降と考えられがちであるが，本当に父親には

乳児の世話は向かないのであろうか。父親たちの書いた育児体験記は、父親でも母親と遜色なく乳幼児の世話ができることを雄弁に物語っている。また、昨今は街中で乳児を抱いている男性を、以前より多く見かけるようになった。しかし、父親の育児参加には個人差が大きく、日本の父親が一日の中で育児に参加している時間は、世界各国の中で決して多い方ではない。子育てのための育児休暇が法律で保障されていても、それを取得する男性の数はまだまだ少ない。家事や育児は女性の仕事という風潮は根強く残っているのが現状であろう。

ところで、筆者は、乳幼児を育てている母親に、育児支援の有効な方法について自由に記述してもらい、母親が求める具体的な育児支援の内容を聞き出したことがある。

その上位5つは、「子どもを気軽に預けられる場所」「金銭援助」「母子で気軽に遊べる場所」「保育所の充実」「子育てに対する社会の雰囲気」であった。それら以外の内容については、次の表7-2のとおりである。

家事や育児の代行では、高齢者へのサービスと同様に、母親の食事と離乳食の給食のサービスを求める声もあった。

また、母親の求める「子育てに対する社会の雰囲気」をより明確にするために、母親がもう少し育児を理解してほしい世代と男女の別を聞いたところ、世代では、年上＞同じ世代＞若い世代の順、男女別では、女性＞男性となっていた。

少子化を解消するためには、社会全体が子育てをあたたかく支える雰囲気をもち、子育ての責任を母親だけに押しつけないことが大切である。さらに、社会全体の育児能力を高めるためには、子育てを終えた世代や直接育児に携わっていない世代の理解や参加も必要であろう。

(2) 早期教育とおけいこごと

育児雑誌を開けば、いたるところに早期教育や教育教材を勧める広告と共にそれらの体験談が掲載されていて、親の育児不安からくる教育熱に強く訴えて

■キーワード■　父親の育児参加→p.188

表8-2 母親の求める育児支援

支援項目	内容
育児情報	子育てに関する情報が入手しやすい
ネットワーク	情報交換や意見交換の場
専門機関	専門家のいる相談機関
住宅ケア	保健婦などの訪問・電話相談
支援者に対する不満	専門家や役所の窓口の対応
預け場所	子どもを気軽に短時間・長時間預かってくれるところ
病児保育	子どもが病気の時に預かってくれるところ
小児科の増設	緊急時に対応できる小児科
リフレッシュ	母親が一人の時間をつくるために預かってくれるところ
ベビーシッター	気軽に利用でき，信頼のおけるベビーシッター
金銭援助	医療費の無料化，児童手当の支給枠の拡大
ヘルパー	家事や育児の代行
母子が気軽に遊べる場所	雨の日でも遊びに行ける近くの遊び場
母親の仲間作り	母親どうしが交流できる場所
託児つきの講座	託児つきの講座や催し物・お稽古（けいこ）ごと
夫の協力	家事・子育て・精神的支えになる夫の協力
相談相手	友人・両親などのような何でも話せる相談相手
保育所	定員数拡大，保育時間延長，保育料，入所条件の改善
法制度の改善	女性が子育てと仕事を両立できるような法制度，夫が育児に参加できるような男性側の就業時間の改善
社会の設備	ベビー用休憩所，駅などの公共施設のエレベーターの充実　道路の段差をなくす
子育てに対する社会の雰囲気	子育てをあたたかく見守る社会の雰囲気
心構え	「のんびり」「頑張りすぎない」

いる。

　なぜ親たちは，わが子に早期教育を受けさせたがるのであろうか。「昔は，早期教育といえば，英才，エリートを育てる目的のものであった。しかし，今，母親たちは『学校に行って，いじめにあわないように』『落ちこぼれないように』赤ちゃん時代から早期教育を受けさせるのだと言う。子どもたちを待ち受ける明日への不安が，母親達を早期教育にかりたてているようだ。」（丹羽，1990）とあるように，育児に漠然とした不安を持っているため，何か安心できる保険代わりのように早期教育を受けさせ，いわゆる「お受験」の準備を始め

■キーワード■　早期教育　お受験

ると考えられる。

おけいこごとでは，その中身を見ると，スイミング・体操・サッカー・バレエ・英会話・ピアノ・習字などさまざまな教室があり，このごろでは子どものためのパソコン教室もあるという。これらは，早期教育としてだけではなく，他の親子とのコミュニケーションの場として求められている場合も多いのが最近の特徴である。つまり，近所に公園で遊ぶ友だちがいない場合，おけいこごとを通じて子どもたちに友だちができ，母親にも情報交換をする友人ができ，その上何かが身につくとなったら一石二鳥だというのである。

しかし，筆者が病院や保健センターなどの健診の場で相談を受けていると，「おけいこごとを始めたが，最初は喜んでいたのに途中で行きたがらなくなった」という相談を受けることが多かった。「自分で始めると言ったので続けさせたい」という母親は多いが，幼児の場合は「やりたい」という動機が単純であるから，実際に通ってみると合わない場合も多い。子どもに合ったものか，本当に楽しんでいるのか見きわめる必要があるだろう。

(3) 虐　　待

育児ストレスや不安が高まった結果，最近，後をたたないのが児童虐待と言われるものである。理由はどうであれ，親がわが子に身体的あるいは心理的に傷を負わせることは許されない行為である。

虐待の増加に伴い，平成12(2000)年5月に成立し，同年11月に施行されたのが「児童虐待の防止に関する法律」（虐待防止法）である。この法律では，児童虐待を4項目にわたって定義し，それぞれの禁止事項を示しており，「何を虐待と考えるかの法的根拠を示した最初の指針」（秋山，2001）として評価されている。その法律から，虐待の具体的な定義を次に示す。

　1　児童の身体に外傷が生じ，又は生じるおそれのある暴行を加えること。
　2　児童にわいせつな行為をすること又は児童をしてわいせつな行為をさせること。

■キーワード■　　おけいこごと　　虐待→p.185　　児童虐待の防止に関する法律　　虐待防止法

3　児童の心身の正常な発達を妨げるような著しい減食又は長時間の放置その他の保護者としての監護を著しく怠ること。
　4　児童に著しい心理的外傷を与える言動を行うこと。
　これらは，上から順に，①身体的虐待，②性的虐待，③ネグレクト，④心理的虐待と呼ばれるものであり，以下に若干の説明を加えよう。
　①　身体的虐待……外傷の残る暴行や生命に危険のある暴行。外傷としては，打撲傷，内出血，頭部外傷，刺傷，やけどなど。生命に危険のある暴行は，首を締める，溺れさせる，毒物を飲ませる，冬戸外に締め出す，一室に監禁するなど。
　②　性的虐待……近親相姦や性的暴行など。
　③　ネグレクト……衣食住や清潔さについての健康状態を損なう放置，遺棄。食事を与えないことからの栄養不良，極端な不潔，病気などでも医者に見せない，薬を飲ませない，学校に行かせないなど。
　④　心理的虐待……極端な心理的外傷を与えたと思われる行為。具体的には「ばか」「ぐず」「役立たず」などの非難，「あんたなんか嫌い」「近寄らないで」といった拒否や無視，「お母さんは出て行く」などといった脅迫や，他のきょうだいとのあからさまな差別。
　虐待を受けた子どもは，身体的・知的・情緒的にさまざまな影響を受けることが数多く報告されている。
　ところで，虐待防止法では，児童虐待を発見したものは通告の義務があることも定めている。この虐待の発見ということでも，保育者の役割は大きい。身体が大きくならない，食事を与えられていない，不潔なままで置かれている，病院に連れて行ってもらえない，身体に傷やあざがあることなどを，日々の保育場面で気づくことがあるからである。
　しかし，通報することだけで虐待の問題は解決しない。虐待を重ねる親たちの考え方や行動を変えることは簡単でなく，大変な時間と労力を必要とする。まして，虐待をした親を責めるだけでは問題の解決はおろか，かえって親を孤

■キーワード■　身体的虐待　性的虐待　ネグレクト　心理的虐待

立無援の状態にし，追いつめられた親からの虐待がひどくなることもある。通報は，その親が虐待を考えるきっかけとなる出発点になるとの視点が必要である。

3. 保育者に求められる役割

（1） 保育者の専門性

　これからの保育をどう構成・展開していくかについて具体的に計画すること，つまり年間カリキュラムを作り上げて日々の保育の計画を立案し，それらを遂行していくことが保育者の専門性の第一であると言える。その中では，保育者自身，子どもをどうとらえているか，どのような保育観をもっているか肝要となる。

　しかし，どれほど保育の計画が立派であっても実践が伴わなければ全く意味がない。子どもの様子を見ながら，行われた保育を反省・評価することも大切であり，そこに第二の保育者の専門性があると言える。

　そして，その計画と実践をつなぐのが保育者の人間性で，それを第三の保育者の専門性と呼ぶことができるであろう。どんなにすばらしい知識や理論で構成された保育であっても，保育者のこれまでの経験や生活全般の構えといった人格が目に見えない形で働いて，その実践に影響を与える。子どもたちが発見したことに興味や関心を持つ柔軟な心，他の保育者の実践からも学ぶという謙虚な心が求められる。目の前の子どもたちの思いに生き生きと対応していく保育者の姿が，何よりも大きく子どもたちに影響を及ぼしていく。

　「子どもに共感的に接しましょう」と，口に出すことは簡単であるが，実践するのはかなり難しい。子どもの視点でと聞いて，子どもと同じ目の高さになることと誤解し，子どもと対応する時にやたらにしゃがんでばかりいた実習生もいた。また，子どもに向かってわざわざ幼児語を使うことが共感的に接する

■キーワード■　保育の計画

ことになると誤解して,「そうでちゅね」などと話しかけた実習生がいた。共感するというのは形式ではない。

また,文字にすると同じ「すごいね」という表現も,日常,私たちが会話の中で発する時と,保育者が子どもに対して驚きや賞賛をこめて「すごいね!」と話しかける時では,そのエネルギーに大きな違いがある。このように,「感性」というものは曖昧さを含んだものであり,知識を積み上げるだけでは磨かれない。しかし,知識や理論の裏づけもなく,単に子どもが好きだとか子どもの仕草を「かわいい」としか見られないようでは,保育者として真に豊かな感性を備えているとは言えない。

(2) 親の求める保育者

親の素朴な思いは,自分の子どもをきちんと見てくれているだろうか,すなわち保育者として信用できるだろうかということに尽きるであろう。それでは親は何をもって保育者の専門性を評価しているのだろうか。

着任して1年目の保育者の研修会では,現在の悩みとして,親とのつき合いを挙げる人が最も多かった。自分が若く子育て経験がないことで,親たちから「先生は若いから」「先生はお子さんがいらっしゃらないから」などと言われると,何も言えなくなる,子育て経験のある親と向かい合うと気後れしてしまうと言うのだ。

親は,保育者が若くて経験がないことや子育ての経験がないことを知ると,最初は頼りないとか信頼できないと思いがちであるが,専門性を評価するようになるには保育者の2つの態度によることが多い。

一つは,十分な説明をすることである。園の中で起こったこと,日中の子どもの様子などを詳しく伝えてもらうことにより安心するのである。もちろん,伝え方にはいろいろな工夫があろう。直接顔を合わせた折に,口頭で伝えることができるといちばんよいのだが,日常的には時間などの制約があり無理だとすると,園だよりや連絡ノートを活用することになるであろう。

二つめは，親の話を十分に聞くという態度である。日常生活の中で，信頼関係を基盤に，相手のありのままの姿を認め，受け入れ，その人の立場で考えて行こうとする態度をカウンセリングマインドと呼んでいる。その中で，保育者にも役に立つものを5つにまとめて示す。
(1)　相手の話を最後まで聞く。
(2)　興味をもって質問する。
(3)　相手を思いやることばを返す。
(4)　話しやすい雰囲気づくりをする。
　どれも当たり前のようだが，人の話を上手に聞くことはなかなか難しい。カウンセリングマインドの基本は，自分をも含めた"人間への信頼"である。気持ちを受け入れて話を聞くという姿勢は，相手を肯定しなければ生まれない。また，話を聞くからといって，何でも親の言うなりになるわけではなく，園として保育者としてできることとできないことは，はっきりすべきである。「自分にはできない」と否定的な言い方をしなければならない時は，特に配慮が必要で，切り口上になって関係を切らないよう注意することは言うまでもない。
　親は，十分に子どもと自分を受けとめてもらったと感じると，自分より若いとか経験が少ないとか子育て経験がないなどということは，だんだんに気にならなくなるものである。保育者としての経験を積んだり，あるいは自分自身の子育て経験をもつと，よいことばかりかというと，そうでもない。かえって自分の経験にとらわれて相手の話を最後まで聞かず，途中で何かことばをはさみたくなったり，興味をもって話を聞かなくなったりという弊害もでる。「あの先生に相談しても自分のことばかり話す」「決めつけられるような感じがする」などと，ベテランの保育者が敬遠される場合もある。経験がなくとも，話を真剣に聞き，悩みを謙虚に受け止めることで，親自身が解決の道を探っていくことをサポートできる場合もあるのだということを覚えておいてほしい。

■キーワード■　カウンセリングマインド→p.184

コラム18：親との上手なつき合い方

「保育士になりたい」という人の中で、「子どもは好きだが親は苦手」という人に出会うことが多い。

特に保育士になったばかりのころは、自分自身の子育て経験もない上、社会経験も少なく、年齢が下というだけでも、親と付き合うのは気後れがすることであろう。直接何も言わない親からも、「子どもがいないからわからない」「若くて未熟だ」と思われているのではないかという気になるのも当然であろう。

子育て経験がないときは、自分に子育て経験があればもっと子どもを見る目が広がるのではないか……と考えがちである。自分で育児を経験することにより、離乳食を作ったり、病気の時の世話をしたりと具体的な経験は広がることもあるかもしれない。しかし、たとえ自分の子どもがいたとしても、保育の場で出会う子どもと同じタイプの子どもとは限らない。逆に自分の子どもがいると、自分の中にものさしができてしまって、それで子どもを見てしまうということも起こり得る。

経験がない、若いということで、母親の話を一生懸命聞こうとすることもある。経験がなく若いからこそ、何でも新鮮に聞くことができるということもあるのだ。

保育士の仕事に慣れてくると、同じような話を聞く機会も増え、たとえ子育て経験はなくとも、このような時にはこのように答えるということも経験上わかってくるであろう。ただ、聞かれた以上は何か答えなければならないと、知ったかぶりをして中途半端な応対をしたり、曖昧に答える態度は慎まなければならない。知らないことは知らないと答えられる、正直さ・率直さ・潔さが誠実な態度につながるであろう。

どんな子どもも、その親にとってはかわいくてかけがえのない存在である。おなかにいた時から、その子とのつき合いは始まっている。子どもを育てていると、自分の子ども時代や自分の親子関係にも思いをめぐらす機会が増える。目には見えないいろいろな思いを抱いて、親たちは子育てをしている。

そのような親に対して、これまでの育児をねぎらう態度で接することが、親たちと上手に接していく出発点になるであろう。

何か子どもに問題行動が見られた時、明らかに親や家族に問題があると見て取れることもある。しかし、誰かを悪者にしたり、責めるだけでは子どもの問題行動は解決しないことが多い。まずは、時間をかけて話のできるような関係・雰囲気づくりが大切である。ささやかなことだが、朝の登園時や帰りの降園時に、朗らかにさわやかに挨拶をすることからはじめよう。

4. 保育者のストレス

(1) 保育者としての発達と危機

保育者の発達段階を5つの段階で表すと，次のようになるという（秋田，2000）。
　段階：1　実習生・新任の段階
　段階：2　初任の段階
　段階：3　洗練された段階
　段階：4　複雑な経験に対処できる段階
　段階：5　影響力のある段階

段階1から3に移行する過程で，自分が子ども時代に味わってきたことへのとらわれから自由になり，雑誌・書籍などの知識や先輩からの助言や指示を受け入れ，保育者としての専門家意識を持ち，保育の実践者としての自分に自信を持って仕事に取り組めるようになる。

段階4・5に進むと，園の経営や若手の教育・助言などにも携わるようになり，これまでの自分の保育を振り返る機会を持つようになり，一方で身体活動は低下減退する時期になり，ネットワークを作ったり，自分ひとりで抱え込むのではなく，分担・連携といった実践の方法が変わってくる。

この過程で，自分の価値観にこだわって，先輩の助言に抵抗しようとしたり，他者の要求に過度に応えようとして自己犠牲的になったり，保育観の違う保育者に自分の思いが伝わらなかったり，ネットワークがうまく広がらなかったり深まらなかったりすると，困難や葛藤を味わうことになり，発達的な危機状況に陥ることになる。しかし，新しい視点で自分自身を振り返り，自分らしい保育を何度も再構築していくことができると，保育者の成長につながっていくといえる。

コラム19：保育者のライフステージと危機

　保育の勉強をしている学生に，実習に行くまでの自分と，行ってからの自分との変化・成長，つまり「発達」についてまとめる課題を出したことがある。実習に行って，これまでの勉強では足りないことが明らかになったり，これまでの勉強が役に立ったと気がついたりした学生，実物を見て子どもの理解が進んだという学生，ますます保育士になりたいと思うようになった学生，保育士の大変さがわかり将来へ不安をもつようになった学生など，さまざまであった。

　その実習と，正式な保育士となり保育の現場に入ることとでは，また，味わう気持ちも大違いであろう。フルタイムで働くようになって味わうショックや幻滅感はリアリティ・ショックと呼ばれるが，保育士に限らず，どんな仕事でも味わうことであろう。

　しばらくすると，はたして保育士が自分に合っているのかわからない，もしかしたら違う職業の方が向いているのではないかといった迷いの時期がやってくることもある。いろいろな考え方があるだろう。若い時の方がいろいろ動けると，転職を考えることも，反対にどうしてもやりたいことがない場合は，もう少し続けるというのも選択の1つになるだろう。

　仕事の内容に後輩の指導や管理職としての仕事が入ってきた時も，転機となることがある。実際に子どもと接する時間より事務的な仕事が増えたりすると，理想と現実のはざまで悩みが増えてくる。

　子どもがお兄さん・お姉さんなどと呼んでくれ，自分に近い存在と見ている時期から，やがて親に近い世代と見る時期がくる。私生活で自分の子どもを持つようになると，ちょっとした対応からそのことを子どもは敏感に感じるようである。子どもを持って改めてわかることがたくさんある反面，子どもから少し遠い存在になるということは否めない。

　また，体力が続かない，以前のように動けないと自覚する時期もやってくる。ことばかけや臨機応変な対応で行動力を補っていく必要が生じる。以前の自分ならもっと動けたのにという，自分の中の不全感ともたたかわなければならない。

　完成された保育者などはない。自分自身のライフステージにふさわしい形・態度・距離で仕事ができ，どのステージにあっても，同僚や先輩・後輩の保育者や子どもたち，またその親たちから，いろいろなものを吸収できる柔軟性を備えていたいものである。職業生活と自分自身の生活の統合により，成熟したアイデンティティを獲得できるであろう。

（2） 保育者の成長と葛藤

　保育者が味わう葛藤はいくつかあるが，大きく分けると，保育の視点そのもの，子どもを受けとめることと子どもに何かを教えていくこと，社会・同僚・親などと連携をとっていくことの3つにまとめられる。

　まず，保育の視点であるが，保育者になった時から，「先生」と呼ばれる職業である。しかし，新任の保育者はこれまで子どもの側しか経験してきていない。このギャップへのとまどいは，「先生」と呼ばれて初めて味わうものである。不慣れな「先生」の役割を演じながら，自分の中の「子ども」の部分が目の前の子どもに重なる。また，自分の子ども時代の経験に照らしているだけでは他の子どもの行動や感情を理解できないことにも気づく。

　次は，保育の場で子どもがやりたいと思うことより，やらせたいことを選んだり，やりたいことを切り上げさせる時に起こる葛藤である。また，子どもの気持ちがわかるようになればなるほど，子どもを受け入れなければという思いが強くなり，子どもが十分に発達しないと自分の責任のように感じたりしがちで，自分の努力が足りないと責めて，バーンアウトの状態になってしまうことがある。

　連携ということは頭ではわかっていても，責任が与えられるようになると何でも自分ひとりでやらなければならないとの思いが強くなる。ここで起こるのが三つ目の葛藤である。仕事を誰かに委ねる・託せることも大切である。

　前述したように，経験を積むにつれて，人間関係の調整も大切な仕事になっていく。保育観・子ども観などの価値観の違いを感情論で片づけないで，きちんと向かい合って話し合って，お互いのよさを認め，折り合いをつける方法を模索していく過程は何よりも自分自身を育てていくことになるであろう。

　他方で，経験が浅い時代の，未熟さをカバーするような仕事へのひたむきな気持ちが，経験を積んだことによる日々の生活のマンネリ化に変わっていくことにも気をつけなければならない。

■キーワード■　　バーンアウト→p.190

（3） ストレスとストレス・マネージメント

　保育者の仕事も，医療・教育・福祉などと同様のヒューマン・サービスの仕事ととらえることができる。バーンアウトというと，看護師だけがなる心理の状態と考えられがちだが，ヒューマン・サービスの仕事に就いている人は誰でもなり得ることがわかってきた。

　ヒューマン・サービスの仕事は，その量や内容に限りがなく，自分の生活や時間を犠牲にすることが日常となる。また，仕事の成果や効果はサービスを提供した相手しだいで，結果が見えにくいという特徴がある。思うような結果が得られないと，サービスを提供した側が，責任を感じて罪悪感を抱きやすい。こうした心身の負担になる刺激やできごとなどにより，その人の内部に生じる緊張状態をストレスという。バーンアウトとは，そのストレスが慢性的に継続している状態をさす。

　それでは，バーンアウトの状態はどのような徴候でわかるのだろうか。はっきり現れるのは疲労感である。エネルギーが消耗してしまい，疲れ果て働く意欲がみられなくなる状態で，単に身体が疲れているのとは異なる。そのような状態になると，何事にも消極的になり，何をすればよいのかなどの判断ができなくなり，感情的な起伏がなくなってくる。自信を失い感情が乏しくなると仕事への意欲も減退し，実際に失敗が多くなり，ますます疲労感がつのるという悪循環に陥る。

　それでは，このような状態を回避するにはどうしたらよいのだろうか。ストレスに対処することは，ストレス・マネージメントと呼ばれ，その方法は数種類ある。次に，2,500人の看護師について行った，ある調査から抽出したストレス対処法についての6つの行動次元を示す（田尾，2000）。

　① 問題指向的行動……「他の人に自分の立場を理解してもらう」「仕事を人に任せる」「知識を増やす」：仕事に積極的に向かっていく行動といえる。

　② 緊張の緩和・釣り合いの取れたものの見方……「別のことで気を紛らわ

■キーワード■　ストレス・マネージメント→p.188

す」「リラックスする時間を見つける」「経験豊富な人に教示をあおぐ」「問題を処理すために別の方法を考える」「過去の経験に照らしてみる」「問題の側面を考えてみる」：視野を広げる対処法である。

　③　感情・不満の続出……「他人のあらさがしをする」「同僚にいらだちをぶつけたり，うさばらしをする」：問題を解決するだけではストレス発散にならず，残った感情を処理するために，かなり攻撃的になる方法である。

　④　我慢……「自分の胸にとどめておく」「最悪の事態を想定して備えておく」：③と対照的なストレス対処法である。③のような対処法ばかりでは対人トラブルを引き起こしそうであるが，④のようなことばかりでは，かえってストレスがたまってしまうこともあるだろう。

　⑤　回避……「自分のやることではないと考える」「まわりで起こっていることから自分を遮（さえぎ）るようにする」「忘れるために他のことに没頭する」「しばらく考えないようにする」：一見消極的なようにも見えるが，エネルギーが低下している時に自分を守る1つの対処法ともいえる。

　⑥　受動的方法……「タバコを吸う」「紅茶やコーヒーを飲む」「酒を飲む」「休暇のことを考えて元気を出す」：自分にほうびを出すような対処法である。

　ストレスに対処するためには，日ごろから，自分はどのようなストレスを抱えやすいか，どのような発散方法をもっているかについて注意を払っておく必要がある。そして，いつも同じ対処方法で臨むのではなく，ストレスによって使い分けるなどの工夫が必要である。ストレス自体も，さまざまな要因が複合して起こることが多いので，対処方法も状況に応じて変更すればよい。

　大切なことは，良い対処の仕方と悪い対処の仕方があるわけではなく，個人個人に合った対処方法が望ましいということである。また，個人レベルでのストレス・マネージメントだけではなく，組織全体の制度的な改善や環境の整備によっても，バーンアウトは減少するといわれている。

　ストレスの対処にかかわる人や物，システムをソーシャルサポートと呼ぶが，この中でシステムの具体例を挙げると次のようになる。

■キーワード■　ソーシャルサポート

① 研修制度……バーンアウトにかからないようなプログラム，保育者としての専門性を高める研修への参加が挙げられるであろう。

② キャリア開発……昇進や昇給の道筋が整備されると，この我慢がやがては報われるという自信から気分が楽になったり，耐性を強めることができる。

③ 環境の整備……多忙さを改善することである。休憩や休暇の用い方が大切である。長時間働き続けることは，消耗感を生み，疲労を慢性化する。

④ ネットワークの構築……個人のストレス・マネージメントには限界があり，職場の環境もすべてを変えるわけにはいかない。その間で潤滑油のような役目をするのが，仲間である。職場集団の一体感，あるいは体験の共有ということが欠かせない。

育児に不安を持つ母親と同様に，保育者も自分の感情について積極的に話す同僚に恵まれることが大切である。自分だけが困っているのではない，困った気持ちを分かち合える仲間がいるということは何よりも安心感につながるに違いない。

子どもの成長を通して親になっていく親の子育てと同様に，はじめからベテランの保育者はいない。接していく保護者や子どもたちからたくさんのものを学び，先輩の保育者からさまざまなことを吸収しながら一人前の保育者になっていくのである。

■用語解説■

愛他的行動 自分を犠牲にしても相手のためになることを自発的にすること。他者への愛情と共感が動機となる。向社会的行動と同義に用いられる場合もある。

愛着（アタッチメント） 乳児が特定の養育者（通常母親）との間に形成する親密で継続的な情緒的つながり。愛着形成のための行動は生得的に備わっている生物学的機能であり、乳児の発信行動（泣く、微笑む、手を伸ばすなど）に養育者が応えることの繰り返しを通じて発現する。乳児期の愛着形成はその後の社会への適応に重要な役割を果たすと考えられる。

アイデンティティ 同一性、自我同一性と訳されている。エリクソンによって概念化されたもので、青年期の心理的葛藤の中核としてアイデンティティの危機が論じられている。アイデンティティとは「自分が自分である」つまり何者なのであるかといった意識を維持している状態で、青年期はこの自分は何者かといった問いに混乱し、苦悩する時期と考えられている。

預かり保育 幼稚園での保育は、1日4時間が標準とされているが、教育時間終了後、希望する園児を預かること。女性の社会進出の増加に伴う対応として増加する傾向がある。

後追い 個人差があるが、生後6～7ヵ月頃から始まり、子どもによっては3歳らいまで続く。母親など、愛着の対象が自分から離れていこうとするときに激しく泣いて分離を嫌がったり、後を追いかけたりする行動。身近な人への愛着が成立することによって起きてくる。

アンダーマイニング効果 内発的動機づけで行われている行動に対して、報酬や賞を与えることによって動機づけが低下したり、抑制されたり、外発的動機づけへと移行してしまう現象。たとえば、好きでしていたお絵描きに対してごほうびなどが与えられると、ごほうびなしではやらなくなってしまうなど。

育児不安 主に、育児を担当する母親が、子どもの現在の様子や将来に漠然とした不安を抱いたり、自分の子育てに自信がもてずに不安感情を抱くこと。背景には、社会の変化と母親へ育児の責任が集中し孤立することなどがある。

イド，超自我，自我 フロイトが考えたパーソナリティの3領域。イドは、心的エネルギーの源である本能的衝動によって動かされる。超自我は、自分を監視し、理想に向かって方向づける、道徳性や倫理性を司る。自我は、現実原則と照らし合わせながら、イドや超自我の働きを調整し考えて行動する主体である。また、自分を客観的に見る場合、「自己」と呼ぶが自我と自己は混同して用いられることも多い。イドはエスともいう。

イメージ 体験を心の中に浮かべたものがイメージである。自分が見た行動をイメージとして記憶し、実際の動作でイメージを再生することによって、目の前にモデルがいなくても模倣行動が可能になり、ごっこ遊びが成立する。

因子分析 心理学において、知能テストの結果から心的能力を発見しようとして考えられた方法。測定された複数の変数間の相関関係をもとに導き出される因子（潜在変数）を探る場合に用いられる分析方法の1つである。

ヴィゴツキー（Vygotsky, L. S. 1896-1934）ソビエトの心理学者。38歳でこの世を去

るまでの約10年たらずを心理学の研究に傾け，ソビエトにおける発達理論の基礎を築いた。発達の要因として，教育を重視し，教育が発達を促し，先導する（発達の最近接領域）と考えた。そして，子どもは生まれた時から社会的存在であり，その社会的なコミュニケーションが内面化され，それが個人の独立的な精神活動を培うと考えた。

ウェックスラー式知能検査　ウェックスラーによって開発された知能検査で，知能を細かなプロフィールで把握できることが特徴である。日本で使用されているのは，次の3種類である。日本版WAIS-R成人知能検査法（1990）は対象年齢16〜74歳。日本版WISC-Ⅲ知能検査法（1998）は対象年齢5〜16歳。日本版WPPSI（1969）は年齢3歳10ヵ月〜7歳1ヵ月。

エリクソン（Erikson, E. H. 1902-1994）　ドイツ生まれの精神分析家，発達心理学者。後に，アメリカに亡命。乳児期から老年期までの一生を8つの段階に分け，各段階で解決するべき「発達課題」を心理社会的な危機の克服としてとらえた。

応答的な環境　主に，乳幼児が周囲の人や物に働きかけたときに，それが適切に反応してくれる環境をさす。

外発的動機づけ　主に外からの力によって動機づけられる場合のことで，引き起こされる行動は目標に到達するための手段という意味合いをもつ。典型的なものは賞や罰。賞を得るあるいは罰を避けるということが目標であり，そのための行動が動機づけられるということ。

カウンセリングマインド　信頼関係を基盤に，相手のありのままの姿を認め，受け入れ，その人の立場で考えていこうとする態度。専門のカウンセラーではなく，教育者や福祉関係者など対人援助サービスに関わる職種に必要とされる考え方である。

学習障害（learning disabilities: LD）　全般的な知的機能の遅れはないが，特定の学習に困難があり通常の学習活動に適応が難しいというもの。知的機能の遅れがない学習障害の子どもにも適切な教育的支援の必要性があるとして発展した概念。

各種障害児施設　障害児だけを対象とした障害児保育をする施設や機関には，児童福祉領域の入所施設と通園施設，通園事業，学校教育領域の盲・聾・養護学校の幼稚部などがある。

学童保育　小学校低学年の児童を対象に，保護者が昼間就労などで家庭不在などの場合，適正な遊びや生活の場を与えて子どもの健全育成を図る事業。児童館・児童センター・学校の空き教室などを利用して行われている。

葛藤　人と人，あるいは集団間に生じる対立を意味する場合と個人内部での心理的状態を表す場合がある。後者は，ひとりの人の中に，同時には実現不可能な2つ以上の欲求がある時に起きる心理的な板挟みの状態。「友だちと遊びたいが自分のおもちゃを貸すのは嫌だ」「お菓子もおもちゃも欲しいが，買ってもらえるのは1つだけである」というような状況で起きる。

カンガルーケア　赤ちゃんを母親の乳房と乳房の間に抱いて，裸の皮膚と皮膚を接触させながら保育する方法。保育器が足りないコロンビアの新生児医療現場で，未熟児を保温するために取り入れられたことに始まる。結果的に未熟児の死亡率が激減し，養育遺棄が減るという効果が現れた。この方法がカンガルーの子育てに似ていることから，名づけられた。最初の母子関係を築くために非常に効果的で，母親の子どもへの愛着が増し，子どもへの発育を促す上でも効果的という結

果が報告されている。
観察学習（モデリング） 見本（モデル）の行動，およびその行動によって起こる結果を観察することによって成立する学習。カナダ生まれの心理学者バンデュラが理論化した。
記憶術 そのままでは覚えにくいことば，数字，記号などを効果的に記憶するための技法。語呂合わせなどが有名な方法である。
気質 人の情緒的反応の素質・生理学的特徴を表現する際に用いられる。一般的に，人の性格はある構造をもつとされ，気質が個人の中核を成す層として考えられている。
吃音 音をのばしたり反復したり，ことばがなかなか出てこないなど，話しことばのリズムの乱れ。
基本的信頼感 人は信頼することができる，自分を信じることができる，という感覚をもち続けること。基本的信頼感があることで，人は積極的に他者とのかかわりを求め，自信をもって社会生活に参加することができる。エリクソンは，乳幼児期の人とのかかわりが「基本的信頼感」獲得の基盤であると述べている。
基本的な生活習慣 具体的には，食事，排泄，睡眠，着脱衣，清潔維持などがあげられる。生命を維持し，健康な生活を送るために毎日繰り返される行為である。所属社会の文化の影響を強く受け，自分が不快でないと同時に，周囲の人を不快にさせないという配慮が強く求められる。
虐待 子どもへの身体的暴行や性的暴行，心理的虐待やネグレクトをいう。虐待であるかどうかの判断は難しいが子どもの立場に立って，子どもの状況や保護者の状況・生活環境から総合的に判断されなければならない。

ギャングエイジ 小学校後半ごろ，同性の児童が強い結びつき（凝集性の強い）の仲間を作り，その仲間を中心に活動を展開する時期がある。そのような時代をギャングエイジまたは徒党時代と呼ぶ。仲間意識が強まるため，他の集団や人に対して閉鎖的で排他的な傾向をもつ。ともすると，不健全な方向に発展する危険もあるため，「ギャング」という名称がついている。
教育 人間の能力を引き出し，潜在的な可能性に働きかけて，より豊かな人間形成を行い，自己実現を支えること。社会にとっては，成員をその社会の存続と発展のために貢献できる人材に育成することが重要な教育の意義の1つとなる。
教育観 教育の目的と方法に関する基本的な考え方。子どもの教育において，何を重視し，どのようなやり方で学びを援助していくのかという具体的な方法は教育観によって決まっていく。
恐怖条件づけ 恐怖を引き起こす嫌悪刺激（電気ショックや不快な大きい音）を用いることにより，さまざまな刺激と恐怖反応との条件づけを成立させる，古典的条件づけの1つの例。
共鳴や共感 共鳴とは相手の動きや感情のリズム，考え方に触れることで，自分自身が同じようなリズムや考え方で動かされること。共感とは，相手の立場に立って感情を共有し，理解すること。
系列位置効果 複数の項目が順番に示された場合に，各項目の記憶された成績が示された順番（系列位置）の影響を受けること。最初の方と最後の方に示された内容の記憶成績が良いことが多いとされている。最初の方に示された項目が記憶されやすいことを初頭効果，終わりの方に示された項目の成績が良いことを新近性効果という。初頭効果は，最初の方に示

された項目は何度もリハーサルされるために長期記憶に送られ保持されやすいため，新近性効果は提示されたのが終わりの方であるため短期記憶に残っているためと考えられている。

ケーラー（Köhler, W. 1887-1967） ドイツの心理学者。後にアメリカに亡命。チンパンジーの問題解決の研究を基に，学習における洞察の重要性を唱えた。学習は，試行錯誤の末に少しずつ学んでいくもののみではなく，思いついた瞬間から急にできるようになる洞察的学習もあるのだと述べた。

ゲゼル（Gesell, A. L. 1880-1961） アメリカの小児科医，発達心理学者。発達における遺伝的側面を重視し，成熟優位説を提唱した。発達は遺伝子に組み込まれたプログラムにより展開されると考えた。早すぎる訓練は効果がなく，子どもの教育は適切な成熟を待って行うべきだという考え方をとった。

健忘症 正式には記憶障害と呼ばれることが多い。符号化，貯蔵，検索という記憶のプロセスに明らかな問題が生じ，日常生活に支障を来す問題である。新しいことが記憶できない順向性健忘，過去のことが想起できない逆向性健忘とがある。また，脳に病変が見られる器質性健忘，心理的原因による心因性健忘などがある。

効果の法則 学習が成立するためには，行動が環境に対して何らかの効果をもつ必要があり，多数の行動の中から環境から満足を得るような行動が残っていくという考え方である。試行錯誤学習のメカニズムを説明している。

高機能自閉症 「自閉症」の子どもたちの中で，知的な障害を伴わない者をさす。認知能力に明らかな遅れがなく，むしろ特定の分野に優れた能力を発揮する者もおり，障害に気づかれずに「変わった子」として扱われている場合も多い。

攻撃行動 他者に危害を加えようと意図された行動。たたく，蹴るなどの身体的攻撃，悪口や罵声などの言語的攻撃，悪い噂を流すなどの関係性攻撃などがある。

向社会的行動 自発的に他者を助けようとしたり，社会のためになることをしようとする行動であり，援助行動，寄付行動，分配行動などがある。

行動主義心理学 心理学は行動の科学であるとする立場。それ以前の心理学は意識を対象としていたが，ワトソンはそういったやり方は科学的でないと否定し，客観的に観察可能な行動のみを研究対象と考えた。

広汎性発達障害 人とのやりとりが少ない，コミュニケーション（ことば）の遅れ，限定的な興味やこだわりの3つの特徴をもつ障害の総称。代表的なものが自閉性障害で，知的機能やことばの遅れをもたないものもあり，アスペルガー障害という。

コールバーグ（Kohlberg, L. 1927-1987） アメリカの心理学者。社会性の発達という視点から，道徳性の発達理論を展開した。道徳性の発達段階を3水準6段階に分けて考え，罰を回避する他律的な水準からから良心や原則に従う自律的水準へと発達するとした。

ことばがもついくつかの役割 ことばをその機能の面から考えると，おおまかに3つの役割をはたしていると考えられる。第一の機能が意志の伝達であり「コミュニケーション機能」。第二が「思考機能」。そして，第三が「行動調整機能」である。

5領域 幼稚園教育要領および保育所保育指針で示されている保育の内容のカテゴリーで，この5つの領域をその内容の中

心にすえ，5つの領域が総合的に指導されることが示されている。領域は「健康」「人間関係」「言葉」「環境」「表現」の5つであり，この5つの領域は乳幼児の発達に必要不可欠であるとされている。

三項関係 自分と対象物という2つのものしか存在しないときに，コミュニケーション行動は成立しない。自分と対象物と他者という3つのものがそろったときに，相手に伝えたいという気持ちが起こり，コミュニケーション行動が出現する。

自我同一性 →アイデンティティ

自己決定感 内発的動機づけを支え，その源となっている3要素のうちの1つ。「自分のことは（好んで）自分で決めているんだ」という気持ちのこと。

自己中心的思考 ピアジェは，幼児の思考の特徴として，他者の観点に立って考えたり，他者の立場から物事を見ることが難しいことに気がつき，これを「自己中心的思考」と呼んだ。この特徴は思考，判断，社会性などあらゆる面に見られる。

実験神経症 動物を使った学習の実験において，課題が難しく罰刺激としての電気ショックが繰り返し与えられると，学習成績が低下するだけでなく，ほえたり，かみついたりと落ち着かない状態が持続することが観測された。これらの状態が神経症と類似していることから，実験的な手続きによって作られた不安定な状態を実験神経症と呼ぶ。

児童観 大人の子どもに対する見方，考え方。その考え方によって，子どもへの対応の仕方や教育の方法が変わってくる。

自発的使用の原理 子どもは特定の心身機能が発達しようとするとき，他者から強制されたり勧められたりするわけでなく，自発的にそれを使ってみたがる傾向がある。そうした子ども自身が内からの欲求に従い，興味を持って繰り返し行っているうちに，心身の機能が固定化し，いっそう高められるということ。ジャーシルドによる発達の原理の1つ。

社会性 周囲の人と親和的な相互交渉を行い，所属する社会に適応するための資質。乳幼児の社会性は，母子関係，仲間関係などの人間関係，コミュニケーション能力，挨拶などの生活習慣やルールの理解，道徳性などをさして用いられることが多い。

社会的学習 他者や集団，マスメディアなどの社会的影響によって，思考，感情，行動が影響を受けることによる学習をさす。

社会的強化 ある行動が他者や集団からほめられる，認められる，受け入れられることなどにより，その行動の頻度が増加することをさす。

循環反応 乳児期に見られる，同じ行動の継続的な繰り返しを意味する。第一次循環反応は，自分の指を吸うなど，心地よい行動を繰り返すことである。第二次循環反応は，他のものへの繰り返しの働きかけである。第三次循環反応は，単なる同じ行動の繰り返しではなく，少しずつ働きかけ方を変化させ，それに伴う結果が変わるのを確かめる反応である。

初期経験 発達のごく初期の経験のうち，後の発達に重大な影響をもつもの。

シングルペアレント 一人親家庭をさす。家族形態の変化や離婚の増加によって，母子家庭や父子家庭が増えているが，それらを一括して表現している。

新生児 乳児の中でも生後1ヵ月頃までを，特に新生児と呼ぶ。

心的外傷後ストレス障害 極めて強い衝撃的な事件に遭ったり，目撃したことによって引き起こされる，恐怖感などの感情

の乱れを伴う不安障害。自然災害，事故，テロ，暴行，強姦，虐待などを経験した人に見られることが多い。PTSDと略される。

シンボル 小石をあめ玉に見立てたり，長い鼻を腕で表現し象になるなど，対象をそのもののもつ一部の属性を取り出したり，共通の特徴をもつ別の物で表すとき，その表現形体を，表現されているもののシンボルと呼ぶ。事物，動作，音声，図などが用いられる。

スキナー（Skinner, B. F. 1904-1990） アメリカの心理学者で，行動分析の創始者。「スキナーボックス」と呼ばれる動物実験器具を開発し，オペラント条件づけに関する基礎理論を提唱した。

ストレス・マネージメント 心身の負担であるストレスに対処すること。対処する方策はコーピングと呼ばれている。

刷り込み ガンやアヒルなど，大型の離巣性鳥類のヒナが，孵化後初めて見たものの後を追従する現象。マガモの場合は，生後32時間以上経つと，刷り込みは生じなくなるため，そこが臨界期といえる。

性格（キャラクター） characterの語源はギリシャ語のkharakterに由来し，もともとは彫る，特徴，性格などを意味する。心理学において性格は，感情や意思の側面からのその人らしさを表す場合に用いられる。

精神分析 フロイトによって創始された学問で，人間の心には無意識の過程があると考え，無意識の影響力を重視するところが特徴である。無意識の働きから心理的治療を行ったり，人間の心理を理解する理論である。

双生児 一卵性双生児は，単一の受精卵から発生するので，遺伝的には同一である。一方，二卵性双生児は，異なる受精卵から発生するので，兄弟姉妹と同様，50%の遺伝子共有率をもつに過ぎない。

ダウン症候群 染色体異常の一種で発達の遅れを伴う。特有の顔つきと筋緊張の低下がみられ，心臓や消化器などの奇形や白血病を合併することがある。

他者受容感 内発的動機づけを支え，その源となっている3要素のうちの1つ。「自分は周囲の大切な人（親，保育者，クラスの仲間）から受容されているんだ」という気持ちのこと。

達成 内発的に動機づけられた行動傾向を典型的に表すものの1つ。最後まで自分の力でやりぬこうとする行動傾向のこと。

田中・ビネー式知能検査 ビネーの開発した知能検査をもとに，田中寛一が日本で使用できるように開発した知能検査である。乳幼児から高齢者まで使用可能であり，最新版は，田中ビネーVが市販されている。

tabula rasa（タブラ・ラサ） イギリスの思想家ロックは「人間の心を，何も書いていない白紙（white paper）と仮定してみよう」と述べた。後世の人がラテン語で白紙という意味のタブラ・ラサと呼んで，ロックの考えを表すことばとした。

父親の育児参加 「育児をしない男は父親とは呼ばない」というスローガンを掲げてのキャンペーンが行われたこともあるが，母親の育児不安の背景には，父親の不在・家事や育児への無関心があり，父親の育児参加は今日的な課題となっている。

知的好奇心 内発的に動機づけられた行動傾向を典型的に表すものの1つ。いろいろなものに興味を持ち，興味を持ったことがらに関連する情報などを集める，あるいは集めようとする行動傾向のこと。

知的障害と精神遅滞 以前は法律用語で精

神薄弱が使われていたが，平成11（1999）年の法改正により「知的障害」に改められた。一方，医学の領域では「精神遅滞」が定着している。そのため現在では「知的障害」と「精神遅滞」の両方が使われている。

知能　知的行動の基礎にある，注意・知覚・学習・記憶・概念化・問題解決・推理・言語といった認知機能のことをさしている。

知能指数（intelligence quotient: IQ）　知能の発達の程度を示す指数であり，

$$知能指数（IQ）＝\frac{精神年齢（MA）}{生活年齢（CA）}×100$$

で求められる。知能指数の100が，生活年齢に相応した知能水準を意味する。

注意欠陥多動性障害（attention-deficit hyperactivity disorder：ADHD）　気が散りやすい，多動である，衝動的の3つの特徴をもつ。周囲を困らせる行動が多いため，「乱暴」「わがまま」と誤解されやすい。

長時間保育　児童福祉施設最低基準第34条において定められている8時間以上の保育。女性の労働様態の変化や通勤時間の増加に伴い，長時間保育を望む母親が多い。

挑戦　内発的に動機づけられた行動傾向を典型的に表すものの1つ。自分が現在できる課題よりも少し難しい課題に果敢に取り組もうとする行動傾向のこと。

直観像　過去に見た視覚的な画像が，まるで今目の前にあるように鮮明に見えること。数パーセントの人が直感像を持っているといわれ，子どもの方が大人よりも若干多くの割合で直感像をもっているとされる。

通園施設　児童福祉法に定められた児童福祉施設の一種で，障害の種類や程度に応じた治療や訓練を通園により行い，障害の補償と社会的自立に必要な知識や技能の習得を目ざす。知的障害児通園施設，難聴幼児通園施設，肢体不自由児通園施設などがある。

低出生体重児　世界保健機構（WHO）の定義では，出生体重が2,500グラム未満である赤ちゃんをさす。ちなみに，未熟児とは，体重が少ないのではなく，在胎期間が37週未満の赤ちゃんのことをいう。

適応障害　ある社会環境においてうまく適応することができず，さまざまな心身の症状が表れて社会生活に支障をきたすもの。不安，抑うつなどの情緒的な症状，不眠，食欲不振などの身体症状，粗暴行為，不登校などの問題行動がある。

トイレット・トレーニング　いわゆる「オムツはずし」のこと。肛門や膀胱に関係する括約筋のコントロールが自分でできるようになる2歳前後から始めるとよい。

同一視　対象となる人に特別な関心を向け，その行動を模倣し，その人と同じように考え，感じ，振る舞い，その人になりきろうとすること。幼児の性役割取得や社会的行動の獲得は，同性の親への同一視からなされることが多いと考えられる。

動因低減説　人間はもともと非活動的で受動的な存在であり，空腹や苦痛などの不快な緊張状態が生じたときのみ，それを取り除こうとして行動を起こすという考え方。

動機づけ　ある目標を達成するために行動を引き起こし，そしてその行動を持続し，目標を達成する方向へと導く内的なエネルギーのこと。

統合保育　障害を持つ子どもと障害を持たない子どもが同じ場所で保育を受けること。特に，障害を持つ子どもが保育所や

幼稚園で保育を受ける形態をさす場合もある。

洞察学習 問題解決において試行錯誤的に解決に近づくのではなく，さまざまな情報を総合的に考えることにより，一気に解決の方法を見つけるタイプの学習。

同調行動 集団の中で，人は多数側の意見に左右され，その意見に反していても従ってしまうことがある。このような多勢の動向に従って同じような行動をとってしまうこと。この同調行動には，表面だけ同調する表面同調と，自分の意見も変えて同調する内面的同調の2種類がある。

特別な支援 心身の障害などのために，通常の教育では十分な成果が得られない子どもたちに対する教育は従来「特殊教育」と呼ばれた。近年は，障害の有無によらず，特別なニーズをもつ子どもたちに行われる教育を「特別支援教育」と呼ぶ。

内発的動機づけ 引き起こされる活動それ自体が目標であり，当の活動以外には明白な報酬が全くない動機づけのこと。典型的なものとして，知的好奇心によるものや「おもしろくて楽しいからやる」といった気持ちにさせるものが該当する。

乳児院 児童福祉法に規定されている，保護の必要な乳児を入院させて養育する児童福祉施設の1つ。入所理由は，保護者の病気や次子出産のためという場合が多い。

認知地図 個人の持つ方向や距離，目印という空間情報を含んだ表象のこと。迷路学習などを行う場合，ただ単に試行錯誤で道筋を記憶していくのではなく，頭の中に自分なりの地図を描き，それを基に学習が進むと考えられている。

認知能力 外界からの情報を取り入れ，すでに持っている知識と照らし合わせて，情報の内容を判断し，それを新たな知識として取り入れること。感覚，知覚，記憶，想像，推理，判断，の過程を含んだ，「知る力」「情報処理能力」といえる。

脳性麻痺 出生前，周産期，出生後の新生児期までの脳障害がもとで主に運動の障害をもつもの。知的障害，てんかん，言語障害，視聴覚障害などを合併しやすい。

パーソナリティ 人格。personarityの語源は，ラテン語のpersona（演劇で用いる仮面）に由来する。心理学において性格は，感情や意思，さらには知的側面からのその人らしさを表す場合に用いられる。性格よりもより幅広い個人差を表す概念である。一般用語で「人格者」という使われ方をするような，道徳的・倫理的に望ましいという意味は，心理学用語としての人格には含まれない。

バーンアウト 燃えつき症候群。働く意欲が急速に，著しく低下すること。医療や福祉・教育などのいわゆるヒューマン・サービス関連の分野で多発するとされている。

発達課題 人間が健全で幸福な発達をとげるために，各発達段階で達成しておかなければならない課題。発達課題が達成できないと，その後の発達に問題を生じ，自我の形成や，社会的適応に困難を生じると考えられる。

発達段階 人間の一生を，それぞれの時期の特徴によっていくつかの段階に分けてとらえたもの。「発達段階」という用語を「年齢段階」という意味で用いられていることがしばしば見受けられるので，注意する必要がある。何の発達を問題とするかによって，発達段階説は多種多様となる。運動発達，社会性の発達，認知発達，人格発達など，さまざまな発達段階が提唱されている。

パヴロフ（Pavlov, I. P. 1849-1936）　ロシ

アの生理学者。消化腺の機能に関する研究によってノーベル賞を受賞している。犬を用いた消化腺に関する実験の過程で，「条件反射」を見出した。

反射 動物が一定の刺激に反応して起こす一定の運動であり，不随意（動かすつもりがなくても無意識に動いてしまう）運動である。特に，人間が出生直後からもっている反射を「原始反射」と呼び，進化の過程で生命維持に必要な行動を備えたものと考えられている。吸飲反射，把握反射，モロー反射，原始歩行などがよく知られている。正常な発達過程において原始反射は生後一年以内に消失する。

ピアジェ（Piaget, J. 1896-1980） スイスの心理学者。心理学を意識の科学ではなく，行動の科学ととらえ，生物学的な考え方を基礎に発生的認識論を発展させた。わが子の行動の発達を詳細に観察し，さまざまな実験を試み，発達を認知構造の変化の過程としてとらえた。

PTSD（post traumatic stress disorder）→心的外傷後ストレス障害

微笑 微笑は，以下のような発達を見せる。レム睡眠時に現れる口のまわりを引きつらせるような生理的微笑（出生時より）→ 心地よい視聴覚の刺激による誘発的微笑（生後3週目頃から）→ 見知らぬ人に対しても生じる社会的微笑（生後3ヵ月頃から）→ よく知っている身のまわりの人に対してのみ生じる選択的微笑（生後5，6ヵ月以降）。

ビネー（Binet, A. 1857-1911） フランスの心理学者。知能検査の創始者であり，ビネー式知能検査法を作成。精神年齢の概念を導入して，知的能力の発達の研究の道を開いた。

プレイセラピー（遊戯療法） 12歳くらいまでの子どもに対して行われる心理療法の1つ。主に遊びを用いて子どもの内面を自由に表現することを助け，現実生活での適応力を高めていく方法。

フロイト（Freud, S. 1856-1939） オーストリアの神経学者。精神分析を創始した。フロイトには2つの大きな業績がある。1つは，失語症や小児の脳性麻痺の研究を行ったこと。2つ目は，精神分析を創始したことである。精神分析論では，自我の構造を明らかにする中で，発達論，防衛機制，コンプレックス論など，現代のカウンセリングの基礎となる多くの理論や技法を提唱した。

プログラム学習 オペラント条件づけの提唱者であるスキナーが開発した指導法で，細かなステップに分けられた学習項目を，学習者自身によって学べるようにプログラムされている。①積極的反応，②スモールステップ，③即時フィードバック，④学習者ペースといった原理に基づいている。

ヘッド・スタート計画 低所得者層の家庭の子どもを対象として，小学校入学前に，学校教育を受けるのに必要なレディネスを身につけさせようとした。テレビ番組「セサミストリート」の放映は，この計画の一環であった。

モラトリアム 就職や結婚など，人生における重要事項の決定を先のばしにすること。身体面では大人であっても，心理的，社会的には大人でない状態である青年期の特徴を示すことば。

モンテッソーリ（Montessori, M. 1870-1952） イタリアの教育者，医学博士。どんな子どもでも発達する力を内部にもっているという考え方に基づき，教育者は，子どもの環境を整え，子どもをよく観察し，子どもの自発的活動を尊重し，援助することが大切であると主張した。精神発達の基礎として，幼児期の感覚訓練が重要であると考え，独特の「教具」を作っ

た。

野生児 ヒトの子でありながら，その幼少のある時期にかなり長期間にわたって，人間の社会環境から遮断された状態で生きてきた者をいう。

有能感 内発的動機づけを支え，その源となっている3要素のうちの1つ。今現在「自分は○○をすることができるんだ！」「自分はやろうと思えば○○ができるんだ！」という気持ちのことである。

ユング（Jung, C. G. 1875-1961） スイスの心理学者。集合的無意識，外向－内向，コンプレックス，元型などの概念を含んだ独自の「分析心理学」を確立した。

養護 乳幼児を対象として，その生存と成長を補償するために，適切な保護と世話を行うことをいう。子どもの生理的欲求を満たし，衛生的で安全な環境を与え，心理的欲求を受容し，健全な愛着関係を形成することなどが含まれる。

養護施設（児童養護施設） 児童福祉法に定められた児童福祉施設の1つ。保護者の病気や虐待などで家庭における養育が困難で保護を必要としている子どもを入所させて養育する施設。

幼稚園教育要領・保育所保育指針 乳幼児保育に関する政府から示されている，日本における保育の中心的なガイドラインである。この幼稚園教育要領は文部科学省から，保育所保育指針は厚生労働省から発行されているが，保育所保育指針は幼稚園教育要領に準じ，3歳以上の保育内容は同じで，3歳未満の保育についてのみその特徴がある。これらのガイドラインでは，子どもの発達に即した，一人ひとりの自主性を尊重しながら，子どもの心情，意欲，態度を育てることを目的としている。

ライフサイクル 生涯過程。人生を，いくつかの節目によって区切られる複数の段階の連なりとするとらえ方。

離巣性 出生直後から自力で親の後を追尾しうるものをさす。一方，無防備・無能力で親の養育を要するものは，「留（就）巣性」と呼ぶ。より高次の種ほど，離巣性を示す。

臨界期 発達の初期において，ある刺激の効果が最もよく現れる時期（敏感期）がある。その時期の前後では，刺激の効果の現れ方は弱くなるが，効果がほとんど現れなくなるまでの範囲を臨界期と呼ぶ。

レディネス ある学習が成立するのに必要な心身の条件が準備されている状態。

ロジャーズ（Rogers, C. R. 1902-1987） アメリカの心理臨床家。「来談者中心療法」を提唱。カウンセリングにおいては，指示を与えることを排除し，「受容」と「共感」による援助的人間関係が重要であるとした。

ワトソン（Watoson, J. B. 1878-1958） アメリカの心理学者。行動主義心理学を提唱。人間の行動の発達は環境のみによって影響されるという極端な環境重視説を主張した。

■引用・参考文献■

第1章
会田元明　1994　子どもとむかいあうための教育心理学演習　ミネルヴァ書房
後藤宗理(編)　1998　子どもに学ぶ発達心理学　樹村房
宮本美沙子(編)　1988　教育心理学　学術図書出版社
森上史郎(編)1998　幼児教育への招待　ミネルヴァ書房
森上史郎・柏女霊峰(編)　2003　保育用語辞典　ミネルヴァ書房
NPO　CAPセンター・JAPAN(編集・発行)　2000　日本の Child Assault Prevention
小田　豊　2001　新しい時代を拓く幼児教育学入門　東洋館出版社
岡本夏木・清水御代明・村井潤一(監修)　1995　発達心理学辞典　ミネルヴァ書房
坂原明(編著)　2000　保育のための教育心理学　ブレーン出版
Thomas, A., & Chess, S.　1980　*The dinamics of psychorogycal developmennt.* New York：Brunner/Mazel.　林雅次(監訳)　1981　子どもの気質と心理発達　星和書店
津守真　2000　保育者の地平　発達83　ミネルヴァ書房
Watson, J.B.　1924　*Behaviorism.* Norton.　安田一郎(訳)　1980　行動主義の心理学　河出書房新社
フレーベル　1826　荒井武(訳)　1964　人間の教育　上・下　岩波文庫

第2章
東洋　1969　知的行動とその発達　岡本夏木・古沢頼雄他(編)　認識と思考　児童心理学講座4　金子書房
バーク, L.E.・ウインスラー, A.　田島信元他(訳)　2001　ヴィゴツキーの新・幼児教育法―幼児の足場づくり　北大路書房
バウアー, T.G.R.　岡本夏木他(共訳)　1980　乳児の世界　ミネルヴァ書房
エリクソン, E.H.・エリクソン, J.M.　村瀬孝雄・近藤邦夫(訳)　1989　ライフサイクル、その完結　みすず書房
フィッシャー, K.W.他(編)　南博(監訳)　1976　人間性の心理学　図説現代の心理学2　講談社
藤永保　1982　発達の心理学　岩波新書
藤永保(編)　1973　児童心理学　有斐閣
Havighurst, R. J.　1953　*Human development and education.* New York：Longmans　荘司雅子(訳)　1958　人間の発達課題と教育―幼年期より老年期まで　牧書店
稲垣佳世子　1982　ピアジェ理論と教育　国土社
リンダ, A.・スーザン, G.　たきざわあき(編訳)　2001　ベビーサイン―まだ話せない赤ちゃんと話す方法　径書房

松沢哲朗　2001　おかあさんになったアイ　講談社
宮本美沙子・国枝加代子他　1965　子どものひとりごと　教育心理学研究, 13, 14-20.
村田孝次　1990　児童心理学入門　培風館
ピアジェ, J.　谷村覚・浜田寿美男(訳)　1978　知能の誕生　ミネルヴァ書房
ポルトマン, A.　高木正孝(訳)　1961　人間はどこまで動物か―新しい人間像のために　岩波書店
ヴィゴツキー, L.S.　柴田義松(訳)　2001　思考と言語　新訳版　新読書社

第3章

片山尊文　1991　学習はどのように生じるか―学習の原理　高野清純(監修)　新井邦二郎(編)　図で読む心理学　学習　福村出版
ケーラー, W.　宮孝一(訳)　1962　類人猿の知恵試験　岩波書店
木村裕　1985　古典的条件づけ　山内光哉・春木豊(編著)　学習心理学―行動と認知　サイエンス社
斎賀久敬　1984　記憶・思考　鹿取廣人(編)　発達Ⅱ　個体発生　東京大学出版会
三宅晶　1995　短期記憶と作業記憶　高野陽太郎(編)　記憶　東京大学出版会
Rose, D.H., & Meyer, A.　2002　*Teaching Every Student in the Digital Age: Universal Design for Learning.*　Assn for Supervision & Curriculum.
ウーシャ・ゴスワミ　岩男卓実・上淵寿他(訳)　2003　子どもの認知発達　新曜社
弓野憲一・菱谷晋介　1985　問題解決と推理　山内光哉・春木豊(編著)　学習心理学―行動と認知　サイエンス社

第4章

新井邦二郎(編著)　1997　図でわかる発達心理学　福村出版
Harter, S.　1978　Effectance motivation reconsidered : Toward a developmental model. *Human Development,* 21, 34-64.
Lepper, M.R., Greene, D., & Nisbett, R.E.　1973　Undermining children's intrinsic interest with extrinsic reward:A test of the "overjustification" hypothesis. *Journal of Personality and Social Psychology,* 38, 129-137.
宮本美沙子(編)　1993　ゆとりある「やる気」を育てる　大日本図書
村山士郎・大東文化大学文学部教育学科村山ゼミナール(編)　2000　激変する日本の子ども―子どもデータバンク　桐書房
佐伯胖　2001　幼児教育へのいざない―円熟した保育者になるために　東京大学出版会
桜井茂男　1997　学習意欲の心理学―自ら学ぶ子どもを育てる　誠信書房
桜井茂男・高野清純　1985　内発的―外発的動機づけ測定尺度の開発　筑波大学心理学研究, 7, 43-54.
White, R.M.　1959　Motivation reconsidered:The concept of competence. *Psychological*

Review, 66, 297-333.

山崎勝之他　1993　「やる気」ではじまる子育て論―子どもはやりたいことをやる　北大路書房

第5章

Allport, G.W.　1937　*Personality : A psychological interpretation*. Holt.

Brophy, J. E., & Good, T. L.　1970　Teacher's communication of defferential expectations for children's classroom performance some behavioral data. *Journal of psychoanalysis*, 39, 350-373.

Cattel, R.B.　1963　The theory of fluid and crystallized intelligence : A critical experiment. *Journal of Educational Psychology*,54,1-22.

Cattel, R.B., & Eber, H.W., & Tatsuoka, M.M.　1970　*The Sixteen Personality Factor Questionnaire Manual(16PF)*. Illinois: Institute for personality and ability testing.　伊沢秀而他(訳)　1982　16PF人格検査手引き　日本文化科学社

Freud, S.　1933　*Neue Folge der Vorlesungen zur Einführung in die Psychoanalyse*. Internationaler Psychoanalytischer Verlag.

Gardner, H.　1983　*Frames of Mind : The theory of multiple intelligence*. Basic Books.

Getzelts, J.W., & Jackson, P.W.　1961　*Creativity and Intelligence*. Willy. (McGaw-Hill)

Guilford, J.P.　1967　*The nature of human intelligence*. New York : McGaw-Hill,138-170.

家庭裁判所調査官研修所(監修)　2003　児童虐待が問題となる家庭事件の実証的研究―深刻化のメカニズムを探る　財団法人司法協会　p.29.

Kretschmer, E.　1955　*Körperbau und Charakter.(21/22.Aufl.)* Berlin:Springer.　相場均訳　1960　体格と性格―体質の問題および気質の学説によせる研究　文光堂

Lewin, K.　1935　*A dynamic theory of personality*. McGraw-Hill.　相良守次・小川隆(訳)　1957　パーソナリティの力学説　岩波書店

正田亘・松平信久(編著)　1981　教育心理学　晃洋書房

Rosenthal, R., & Jacobson, L.　1968　*Pygmalion in the classroom ; Teacher expectation and pupils, intellectual development*. Holt, Rinehart & Winston.

Sigler, R.S.　1976　Three aspects of cognitive development. *Cognitive Psychology*., 8,481-520.

Spearman, C.E.　1904　General intelligence,objectively determined and measured. *American Journal of Psychology*,15.201-292.

Thurstone, L.L.　1938　Primary mental abilities. *Psychometric Monographs*,No.1.

田中教育研究所(編著)　1987　田中ビネー知能検査(1987年全訂版)　田研出版

辻平治郎(編)　1998　5因子性格検査の理論と実際―こころをはかる5つのものさし北大路書房

Wechsler, D.　1939　*The measurement of adult intelligence*.Baltimore:Williams & Willkins.

Wolman, B.B.　1985　*Handbook of intelligence part1-3.*　杉原一昭(監訳)　1992-1995　知能心理学ハンドブック1-3　田研出版

第6章

秋山和夫他(監修)　土山多忠子(編著)　1993　乳児保育　北大路書房
秋山和夫他(監修)　横山正幸(編著)　1994　内容研究「領域言葉」　北大路書房
新井邦二郎　1998　子どもの自己決定に関する発達的研究　平成7年度～平成9年度　科学研究費補助金[基盤研究(B)(2)]研究報告書
東洋　1994　日本人のしつけと教育―発達の日米比較に基づいて　東京大学出版会
Bandura, A.　1973　*Aggression : A social learning analysis.* Englewood Cliffs,NJ : Prentice-Hall.
Bryant, B.K., & Crockenberg, S.B.　1980　Correlates and dimensions of prosocial behavior : A study of female siblings with their mothers. *Child Development*, 51,529-544.
Erikson, E.　1968　*Identity : Youth and crisis.*　岩瀬庸理(訳)　1973　アイデンティティ―青年と危機　金沢文庫
Freud, S.　1932　*New Folge der Vorlesungen zur Einfuhrung in die Psychoanalyse.* Frankfurt : Fisher Verlag GmbH.　古澤平作(訳)　続精神分析入門　日本文教社
藤永保(編)　1973　児童心理学　有斐閣
Hoffman, M.L.　1977　Moral internalization : Current theoly and research. In L.Berkowitz(ed.), *Advances in experimental social psychology.* Vol.10. New York: Academic Press.
Hoffman, M.L.　1981　Is altruism part of human nature? *Journal of Personality and Social Psychology*, 40, 121-137.
Hoffman, M.L.　1984　Interaction of affect and cognition on empathy. In Izard, C.E., Kagan, J., & Zajonc, R.B., (eds.), *Emotions, cognition, and behavior.* Cambridge, England : Cambridge University Press.
岩脇三良　1996　教育心理学への招待　児童・生徒への理解を深めるために　サイエンス社
柏木惠子他　1978　親子関係の真理　有斐閣新書　有斐閣
経済企画庁　1992　国民生活白書
菊池彰夫・堀毛一也(編著)　1994　社会的スキルの心理学―100のリストとその理論　川島書店
Kohlberg, L.　1981　Essays on moral development. Vol.1. *The philosophy of moral development.* San Francisco : Haper & Row.
國分康孝(編)　1990　カウンセリング辞典　誠信書房
國分康孝　1992　構成的グループ・エンカウンター　誠信書房
Lamb, M.E.　1975　Fathers : Forgetting contributions to child development. *Human*

Development, 18, 245-266.
Lenneberg, E.H. 1967 *The biological foundations of language.* New york: Wiley. 佐藤方哉・神尾昭雄(訳) 1974 言語の生物学的基礎 大修館書店
宮原英種・宮原和子 1996 心理学を愉しむ ナカニシヤ出版
森岡清美・望月嵩共 1997 新しい家族社会学 培風館
森楙 1994 遊べる子ほどよく学ぶ 教育と情報, 436, 14-19.
森楙・湯地宏樹 1994 ファミコン子の特性に関する調査研究—小学生の場合 幼年教育研究年報, 16, 1-10.
明神もと子(編著) 2003 はじめて学ぶヴィゴツキー心理学—その生き方と子ども研究 新読書社
大橋薫・増田光吉(編著) 1976 改訂 家族社会学—現代家族の実態と病理 川島書店
パーソンズ,T.・ベールズ,R.F. 橋爪貞雄他(訳) 1970-71 核家族と子どもの社会化 上・下 黎明書房
Parten, M.D. 1932 Social perticipation among preschool children. *Journal of Abnornal and Social Psychology.*
Piaget, J. 1926 *La representation du monde chez l'enfant.* 大伴茂(訳) 1955 児童の世界観 同文書院
Piaget, J. 1932 *Le jugement moral chez l'enfant.* 大伴茂(訳) 1954 児童道徳判断の発達 同文書院
相良敦子 1995 ママ，ひとりでするのを手伝ってね—モンテッソーリの幼児教育 講談社
相良敦子他 1990 子どもは動きながら学ぶ—環境による教育のポイント 講談社
柴田義松・森岡修一(訳) 1976 児童心理学講義 明治図書
Spitz, R.A., Emde, R.N., & Metcalf, M.D. 1970 Further prototypes of ego formation.:A working paper from a research project on early development. *The Psychoanalytic Study of the child*, 25, 417-441.
鈴木康平・山内隆久 1998 理論と実践 教育心理学 北大路書房
高木修 1982 順社会的行動のクラスターと行動特性 年報社会心理学, 23, 137-156.
高野清純(監修) 川島一夫(編) 1991 図でよむ心理学 発達 福村出版
冨田久枝 2001 子どもはせんせい 北大路書房
瓜巣一美・米山岳廣(編著) 2002 児童・家族福祉の基礎と実際 文化書房博文社
ヴィゴツキー, L.S. 広瀬信雄(訳) 福井研介(注) 2002 新訳版 子どもの想像力と創造 新読書社
山本愛子 1995 幼児の自己調整能力に関する発達的研究 教育心理学研究, 43, 42-51.
依田明 1990 きょうだいの研究 大日本図書
渡辺弥生・衛藤真子 1990 児童の共感性及び他者の統制可能性が向社会的行動に及ぼす影響 教育心理学研究, 38, 151-156.

Wispe, L. 1972 Positive forms of social behavior : An overview. *Journal of Social Issues*, 28, 1-20.

第7章

Drotar, D., et al. 1975 The adaptation of parents to the birth of an infant with a congenital malformations. *Pediatrics*, 56, 710-717.
中田洋二郎　2002　子どもの障害をどう受容するか──家族支援と援助者の役割　大月書店
西澤哲　1999　トラウマの臨床心理学　金剛出版
鈴木文晴　原因別の頻度　有馬正高(監修)　熊谷公明・粟田宏(編)　1999　発達障害の基礎　日本文化科学社
全国保育団体連絡会・保育研究所(編)　2003　保育白書2003　草土文化

第8章

秋田喜代美(編著)　2000　教師のさまざまな役割──ともに学び合う教師と子ども　チャイルド本社
秋山正弘　2001　家族の呻き　現代のエスプリ408　至文堂
東洋・柏木惠子(編)　1999　社会と家族の心理学　ミネルヴァ書房
今泉岳雄　2001　母親の育児不安　現代のエスプリ408　至文堂
大日向雅美　1999　子育てと出会うとき　日本放送出版協会
柏木惠子　2001　子どもという価値──少子化時代の女性の心理　中央公論新社
金井壽宏　2002　働くひとのためのキャリア・デザイン　PHP研究所
神庭靖子　2002　今どきのママ＆キッズ──おかあさんのための児童精神医学　星和書店
小出まみ　1999　地域から生まれる支えあいの子育て──ふらっと子連れでdrop-in！　ひとなる書房
汐見稔幸　2000　親子ストレス──少子社会の「育ちと育て」を考える　平凡社
新澤誠治・今井和子　2000　家庭との連携と子育て支援──カウンセリングマインドを生かして　ミネルヴァ書房
鈴木りえこ　2000　超少子化　集英社
田尾雅夫・久保真人　2000　バーンアウトの理論と実際──心理学的アプローチ　誠信書房
武田信子　2002　社会で子どもを育てる──子育て支援都市トロントの発想　平凡社
玉井邦夫　2001　〈子どもの虐待〉を考える　講談社
丹羽洋子　1999　今どき子育て事情──2000人の母親インタビューから　ミネルヴァ書房
土居健郎(監修)　宗像恒次他　1988　燃えつき症候群──医師・看護婦・教師のメンタルヘルス　金剛出版
成山文夫・石川道夫(編著)　2000　家族・育み・ケアリング──家族論へのアプローチ　北樹出版
日本子ども家庭総合研究所(編)　2001　厚生省子ども虐待の対応の手引　有斐閣

畠中宗一　2000　子ども家族支援の社会学　世界思想社
畠中宗一　2000　家族臨床の社会学　世界思想社
広岡守穂　1990　男だって子育て　岩波書店
正高信男　2002　父親力―母子密着型子育てからの脱出　中央公論新社
三沢直子　1997　子育てに対するソーシャル・サポートの必要性　現代のエスプリ363　至文堂

■さくいん■

▶あ行

IQ　98
愛他的行動　133
愛着　119
愛着関係　9, 150
愛着行動　119
アイデンティティ　123
預かり保育　162
アスペルガー障害　147
遊び　126
遊びの分類　126
扱いにくい子ども　106
扱いやすい子ども　106
後追い　4, 119
アニミズム　41
アンダーマイニング効果　85

育児支援講座　5
育児ストレス　167
育児不安　166
異常　96
異常固執　53
一語文　45
5つの領域　17
一般知能　100
遺伝　25
遺伝説　25
遺伝要因　26
イド　110
異年齢保育　122
意味記憶　63
イメージ　7
インクルージョン　157

因子分析　100

ヴィゴツキー
　（Vygotsky, L. S.）
　　　　　　30, 126
WISC　100
WPPSI　100
WAIS　100
ウェックスラー
　（Wechsler, D.）　100
ウェックスラー式知能検査
　　　　　　98

ADHD　66
S因子　100
エピソード記憶　63
エリクソン
　（Erikson, E. H.）　31, 112
LD　148
延滞模倣　40

応答的な環境　68
置き換え　110
おけいこごと　170
お受験　169
オペラント行動　57
オペラント条件づけ
　　　　　　56, 57
思いやり　9
思いやり　133
音声ループ　65

▶か行

外言（外的言語行為）
　　　　　　47
外向性　104
外発的動機づけ　78
回避　109
カウンセリングマインド
　　　　　　174
可逆的思考　42
学習　5, 50
学習障害　66, 148
各種障害児施設　156
学童保育　162
獲得的行動　50
家系調査法　25
家族　118
家族の機能　118
葛藤　107
感覚運動的段階　37
感覚遮断の実験　73
感覚登録器　62
カンガルーケア　116
環境　17, 25
環境閾値説　27
環境説　28
環境要因　26
観察法　107
完全主義　88

記憶　51, 61
記憶術　64
記憶障害　61
気質　13, 103, 106
吃音　151

機能的自律性　91
基本的信頼感　2, 32, 44
基本的な生活習慣　3, 32
虐待　170
虐待防止法　171
キャッテル（Cattell, R. B.）
　　　105
ギャングエイジ　123
吸啜反射　37
教育　2
教育課程　18
教育観　10
教育心理学　2
強化　57
強化子　57
共感性　133
競争　76
きょうだい関係　121
協調性　9
恐怖条件づけ　54
共鳴や共感　9
ギルフォード
　（Guilford, J. P.）　101
均衡化　36
近接　109
勤勉性　35

クーイング　44
具体的操作段階　42
クラスの仲間からの受容感
　　　91
クレッチマー
　（Kretschmer, E.）　104

経験説　106
形式的操作段階　42
系列位置効果　63

ケーラー（Köhler, W.）
　　　59
ゲゼル（Gesell, A.）　27
けんか　134
健康　17
言語性　100
原始反射　37
健忘症　61

公園デビュー　125
喉音　44
効果の法則　57
高機能自閉症　157
攻撃行動　60
高原現象　48
向社会的行動　133
口唇探索反射　37
構成的グループエンカウン
　ター　137
交替反応　117
行動主義　28
行動主義心理学　12
広汎性発達障害　146
合理化　110
コールバーグ
　（Kohlberg, L.）　131
個人差　25, 96
個性　96
子育て支援　11, 162
古典的条件づけ　52
言葉　17
個別指導計画　19
コミュニケーション　43
コンサルテーション　3
コンピテンツ　80
コンピテンツ動機づけ
　　　81

▶さ行
サーストン
　（Thurstone, L. L.）
　　　101
作業記憶　65
作業検査法　107
三項関係　8, 45

G因子　100
CAP　21
シェマ　36
自我　110
視覚障害　146
自我同一性　35
自我同一性の確立　112
視空間スケッチ・パッド
　　　65
試行錯誤学習　57
自己開示　91
自己決定　135
自己決定感　82, 89, 91
自己中心性　40
自己中心的思考　131
指示待ち　86
自主性　34
自然観察法　22
肢体不自由　146
しつけ　3, 125
実験神経症　53, 69
実験法　22
実行機能　66
質問紙法　107
児童観　10
児童虐待　153
指導計画　16, 18
児童養護施設　154
自発性　114

自発的行動　56
自発的使用の原理　90
自閉性障害　66, 147
社会化　135
社会性　5
社会的学習　39, 60
社会的強化　58
社会的刺激　44
社会的相互作用　117, 128, 157
社会的微笑反応　120
集合　124
収束的思考　101
集団　124
16PF　105
循環反応　37
昇華　110
障害受容　149
消去　56
消極説　15
条件刺激　54
条件反応　54
象徴機能　40
象徴的思考段階　38
生得的行動　50
賞と罰　73
初期経験　28
初語　45
シングルペアレント　162
新生児　37, 116
身体的虐待　171
シンボル　7
心理学　3
心理社会的危機　31
心理的虐待　171
心理的離乳　35

スキナー（Skinner, B. F.）　56
スキナーボックス　56
スタンフォード・ビネー知能検査　98
ストレス・マネージメント　178
スピアマン（Spearman, C. E.）　100
刷り込み　28
スロー・スターターの子ども　106

性悪説　11
生活年齢　98
成功経験　89
性格　103
正常　96
精神遅滞　146
精神分析　110
性的虐待　171
生理的早産　24
積極説　15
セラピスト　156
宣言的記憶　63
前操作的段階　38
選択性緘黙　151
先天説　106

早期教育　169
相互作用説　29, 106
相互同調活動　44
双生児　26
双生児法　26
創造性　102
相談事業　164

相補的思考　42
ソーシャルサポート　180
ソーンダイク（Thorndike, E. L.）　56

▶た行
ターマン（Terman, L. M.）　98
第一次反抗期　34
体験　7
退行　110
第二次反抗期　35
代理経験　60
ダウン症候群　145
抱きぐせ　4
他者受容感　89, 91
達成　84, 89
田中・ビネー式知能検査　98
tabula rasa（タブラ・ラサ）　12
単一要因説　25
短期貯蔵庫　62

父親　120
父親の育児参加　168
父親の役割　120
チック　152
知的好奇心　74, 80, 86, 89
知的障害　146
知能　97
知能検査　97
知能指数　98
注意欠陥多動性障害

さくいん　203

66, 146
中央制御部　65
中性刺激　52
聴覚障害　146
長期記憶　63
長期貯蔵庫　62
超自我　110
長時間保育　162
調節　36
挑戦　84, 89
貯蔵　61
直観像　63
直観的思考段階　40

通園施設　141

低出生体重児　25
適応　108
適応機制　109
適応障害　109
適性処遇交互作用　69
テスト法　107
手続記憶　63
電文体発語　45

トイレット・トレーニング
　　　　32
同一視　119
動因低減説　73
投影法　108
同化　36
動機づけ　68, 72
道具的条件づけ　57
統合保育　157
動作性　100
洞察学習　59
投射　110

同調行動　123
道徳性　130
逃避　110
トーマスとチェス
　　　（Thomas, A. & Chess, S.）
　　　　13, 106
特性論　104
独創性　102
特別支援教育　157
特別な支援　142
友だち関係　122

▶な行
内言（内的言語行為）
　　　　47
内向性　105
内的統制感　82
内発的動機づけ　78
仲間　122
仲間関係　122
喃語　44

二重貯蔵モデル　62
乳児院　162
人間関係　17
人間性心理学　13
認知地図　59
認知能力　5

ネグレクト　171

▶は行
把握反射　37
パーソナリティ　103
パーテン（Parten, M. D.）
　　　　122
バーンアウト　177

ハヴィガースト
　　（Havighurst, R. J.）
　　　　30
パヴロフ（Pavlov, I. P.）
　　　　52
白紙説　12
罰　58
発散的思考　101
発達　24
発達課題　19, 30, 112
発達段階　30
発達の最近接領域　30,
　　　　70, 126
母親学級　5
バブリング　44
般化　55
反射　50
反動形成　110
ハンドリガード　37
反応性愛着障害　153

ピアジェ（Piaget, J.）
　　　　36, 131
ピアジェ課題　41
PTSD　54
ピグマリオン効果　113
微笑　44, 120
微笑反応　120
ビッグ・ファイブ　104
人見知り　4, 119
ビネー（Binet, A.）　98
ビネー式知能検査　97
表現　17
表象　38

輻輳説　29, 106
符号化　61

不登園　150
プレイセラピー　156
フレーベル　13
フロイト（Freud, S.）
　　　　　　　31, 110
プログラム学習　69

ヘッド・スタート計画
　　　　　　　　　28
ベビーサイン　33

保育　2
保育計画　18
保育者からの受容感　91
保育所保育指針　16, 75,
　　　　　　　　　131
保育内容　16
保育の計画　19
保育の計画　172
保育の目標　16
防衛機制　109
母子相互作用　117
母子分離　150
保存の概念　41
ポルトマン（Portmann, A.）
　　　　　　　　　24
ホワイト（White, R. W.）
　　　　　　　　　80
本能　50

▶ま行
マザリーズ　44
自ら学ぶ意欲　76
無気力　77, 84, 86
無条件刺激　52

無条件反応　52
面接法　107
模倣　9
モラトリアム　35
モロー反射　37
モンテッソーリ
　（Montessori, M.）　127

▶や行
野生児　28
夜尿　151
遊戯療法　156
有能感　89
有能さ　80
指さし　45
指しゃぶり　37, 152
ユング（Jung, C. G.）
　　　　　　　　　104

養護　2
養護施設　162
幼児期健忘　64
幼稚園教育要領　16,
　　　　　　　　75, 131
抑圧　110

▶ら行
ライフサイクル　112

離巣性　24
リハーサル　62
リビドー　110
臨界期　28

類型論　103
レヴィン（Lewin, K.）
　　　　　　　　　109
レスポンデント条件づけ
　　　　　　　　　52
レディネス　27
練習曲線　48

ローレンツ（Lorenz, K.）
　　　　　　　　　42
ロジャーズ（Rogers, C. R.）
　　　　　　　　　13
ロック（Locke, J.）　12

▶わ
ワーキングメモリー　65
ワトソン（Watson, J. B.）
　　　　　　　　　12

［編著者］

石井　正子　昭和女子大学
松尾　直博　東京学芸大学

［共著者］（五十音順）

小沢日美子　尚絅大学
白坂　香弥　白百合女子大学
田中　秀明　清泉女学院短期大学
冨田　久枝　千葉大学
宮本　智美　道灌山学園保育福祉専門学校
吉村真理子　千葉敬愛短期大学

教育心理学　保育者をめざす人へ

2004年10月12日　初版発行
2018年2月15日　第16刷

検印廃止

編著者ⓒ　石井　正子
　　　　　松尾　直博
発行者　　大塚　栄一

発行所　株式会社　樹村房
　　　　　　　　JUSONBO

〒112-0002　東京都文京区小石川5丁目11番7号
電　話　東京 (03) 3868-7321
FAX　東京 (03) 6801-5202
http://www.jusonbo.co.jp/
振替口座　00190-3-93169

印刷・亜細亜印刷／製本・常川製本
乱丁・落丁本はお取り替えいたします。

ISBN978-4-88367-110-6